我的青春我做主

高职大学生心理健康自助手册

杨立华
张兰锁 主　编
柳连忠

郭　威
盖小丽 副主编
王立前

中国教育出版传媒集团
高等教育出版社·北京

内容提要

本书是高职学生心理健康教育入学读物。

本书在编写过程中以党的二十大精神为指导，积极响应教育部等十七部门联合印发的《全面加强和改进新时代学生心理健康工作专项行动计划（2023—2025年）》文件精神，结合当代大学生身心发展规律和特点，立足高职学校学生学习、生活实际，将内容划分为三个阶段、十个部分，涵盖心理健康、环境适应、自我意识、人格塑造、情绪管理、学习心理、和谐人际、恋爱心理、生涯规划和生命教育。

每个部分均穿插了案例导入、小视窗、小测验、小贴士、小锦囊、小练习、资源推荐等栏目，通过丰富多样的内容编排，图文并茂的版面设计以及凸显自助性、互动性的栏目策划，将心理健康教育知识以通俗易懂的方式呈现，引导学生轻松愉快地学习，掌握保持心理健康的方法，帮助学生理解心理健康相关知识并有效应用于日常生活中。

本书配套设计了贴合主题的交互式心理测试，学生可通过扫描相应二维码进行测量，从而深入了解自己的心理状态。

本书既可作为高职学校学生心理健康教育自助手册，也可供广大高校师生、辅导员、心理咨询师、心理学爱好者阅读和参考。

图书在版编目（CIP）数据

我的青春我做主：高职大学生心理健康自助手册 / 杨立华，张兰锁，柳连忠主编. -- 北京：高等教育出版社，2024.8. -- ISBN 978-7-04-062880-7

Ⅰ. G444

中国国家版本馆CIP数据核字第2024E0K457号

Wode Qingchun Wo Zuozhu:
Gaozhi Daxuesheng Xinli Jiankang Zizhu Shouce

策划编辑	洪国芬	责任编辑	李岳璟	封面设计	赵 阳	版式设计	李彩丽
责任绘图	于 博	责任校对	张 薇	责任印制	赵义民		

出版发行	高等教育出版社	网　　址	http://www.hep.edu.cn
社　　址	北京市西城区德外大街4号		http://www.hep.com.cn
邮政编码	100120	网上订购	http://www.hepmall.com.cn
印　　刷	北京市白帆印务有限公司		http://www.hepmall.com
开　　本	787 mm×1092 mm　1/16		http://www.hepmall.cn
印　　张	14		
字　　数	190千字	版　　次	2024年8月第1版
购书热线	010-58581118	印　　次	2024年8月第1次印刷
咨询电话	400-810-0598	定　　价	29.50元

本书如有缺页、倒页、脱页等质量问题，请到所购图书销售部门联系调换
版权所有　侵权必究
物 料 号　62880-00

编委会

主　　任	张春生	河北省教育厅
副 主 任	史　帆	河北省教育厅
	刘治利	河北省教育厅
执行主任	杨立华	河北交通职业技术学院
	张兰锁	河北轨道运输职业技术学院
	柳连忠	河北交通职业技术学院

委　　员　（按姓氏笔画排序）

王　昊	石家庄邮电职业技术学院			
王少峰	河北石油职业技术大学			
王春宝	河北软件职业技术学院	欧阳志广	江西现代职业技术学院
付俊薇	河北工业职业技术大学	周敏娟	石家庄铁路职业技术学院
刘金文	河北轨道运输职业技术学院	赵建光	河北科技工程职业技术大学
李　臻	河北省教育厅	赵柏森	重庆安全技术职业学院
李立增	河北化工医药职业技术学院	胡振明	唐山工业职业技术大学
李炳仁	沧州医学高等专科学校	唐韭虹	秦皇岛职业技术学院
吴永庆	唐山职业技术学院	詹黔江	贵州交通职业大学
张小科	陕西交通职业技术学院	谭　亮	四川交通职业技术学院
陈玉峰	石家庄职业技术学院		

"心"的旅程,带你"玩"转大学

亲爱的同学,欢迎你踏上这段心灵探索之旅。希望这本书可以陪伴你顺利度过大学生活,为你提供宝贵的知识和人生经验。

大学,是一个可以让青年尽情演绎青春、追逐梦想的舞台。从踏入大学校园的那一刻起,你就开启了一段全新的旅程。在这段旅程中,你将学习如何与知识为伍,如何与自己和解,如何与同伴合作。但同样,你也可能会遭遇种种心灵上的困扰:学业的压力、人际的困惑、自我认知的迷茫……这些都是成长路上的"拦路虎",但同时也是成长的"催化剂"。

本书旨在帮助你以更加积极、健康的心态去面对大学生活中的种种挑战,以"玩"的心态,去探索那些看似复杂难解的心理问题,让你在轻松愉快的氛围中,学会如何更好地管理自己的情绪,如何建立和谐的人际关系,如何塑造健全的人格。

在本书中,我们将通过丰富的案例、有趣的心理实验和知识拓展,以及生动的插图,帮助你理解复杂的心理健康知识。你会发现,原来心理健康并不是遥不可及的理论,而是与我们每个人息息相关的生活智慧。

所以,请带着一颗好奇和探索的心,翻开这本书吧!让我们一同踏上这段"心"的旅程,"玩"转大学,从初学者逐步成长为高手，实现从"菜鸟"到"大神"的蜕变，最终成就一个更加健康、更加自信、更加快乐的自己！

愿你在大学的生活中不仅能够收获知识，更能够收获一颗强大而健康的心，成就更卓越的自己，谱写精彩人生篇章。

编者

2024年5月

前言

良好的心理素质作为个人综合素养的核心要素,在塑造人才的过程中发挥着举足轻重的作用。大学生作为国家宝贵的人才资源,承载着民族的希望与祖国的未来。青年强,则国家强。进入新时代,踏上新征程,面对新的机遇和挑战,我们必须深刻认识到,个人心理健康水平已成为制约当代大学生全面发展与成长成才的关键因素。这一现实状况要求我们予以高度重视,并积极寻求有效的解决策略,以确保青年一代能够健康、稳定地成长,为国家的繁荣与发展贡献青春力量。

为了维护大学生的心理健康,促进其全面发展和健康成长,积极响应教育部等十七部门联合印发的《全面加强和改进新时代学生心理健康工作专项行动计划(2023—2025年)》中"组织编写大中小学生心理健康读本,扎实推进心理健康教育普及"的明确要求,帮助大学生积极应对不可避免的心理冲突和心理压力,培育学生热爱生活、珍视生命、自尊自信、理性平和、乐观向上的心理品质和不懈奋斗、荣辱不惊、百折不挠的意志品质,培养担当民族复兴大任的时代新人。为此,本书编写组编写了这本适合高职学校学生阅读的心理健康教育自助手册。本书着重体现了以下几方面的特色。

落实立德树人根本任务，积极融入思政教育元素

本书编写以习近平新时代中国特色社会主义思想为指导，坚持寓价值观引导于心理健康教育知识的传授和学生的能力培养之中，结合主题内容，在知识讲解、案例选取等方面润物无声地融入"团队精神""劳动教育""终身学习""工匠精神""文化自信"等思政元素，旨在促进学生思想道德素质、科学文化素质和身心健康素质协调发展，培养德智体美劳全面发展的社会主义建设者和接班人。

创新体例结构，增强内容的可读性

本书在结构上遵循"意义—困惑—方法"的逻辑框架，创造性地以学生熟知的"打怪升级"为参照，将全书内容划分为新手期、成长期和高手期三个阶段。此外，本书摒弃了传统的说教方式，而是采用"第一人称"的叙述视角，使内容更加贴近学生的认知与体验。

紧贴高职学生实际，强化内容的针对性

本书作为高职学生入学教育读物，内容精练，可读性强，旨在引导大学新生更好地适应大学环境，并为其未来走入职场，成为高素质技能人才做准备。本书在关注知识逻辑性的同时，更注重大学生的成长规律，在充分调研学生需求的基础上，设计了心理健康、环境适应、自我意识、人格塑造、情绪管理、学习心理、和谐人际、恋爱心理、生涯规划和生命教育的内容，以揭示高职学生共有的心理困扰与疑虑，并提供有效的解决方案。

突出栏目的多元化，彰显内容的自助性

在栏目设计中，本书特别强调互动、自助元素的融入。"案例导入"部分精选源于高职学生实际生活的典型案例，唤起学生对相关主题的关注；"小测验"基于学生的实际需求，学生可以通过扫描二维码并回答相关问题，即可轻松参与测试，并即时获取测试结果反馈；"小视窗"作为正文中特定知识点的补充与延伸，旨在拓宽学生的知识视野，增加学习的广度和深度；"小贴士"是针对某个问题或现象提供的实用建议，使大学生能够更好地应对生活中的实际情况；"小锦囊"以直观且富有趣味性的形式，呈现一系列具有实用价值的心理学小知识；"小练习"则是为学生提供了具有可操作性的训练项目，帮助巩固学习成果。此外，"资源推荐"精心遴选了经典书籍和直击心灵的影视作品，旨在为广大学生提供课余时间的知识养料，并进行积极的心理暗示，助力其全面发展。

本书是由河北交通职业技术学院与河北轨道运输职业技术学院长期从事心理健康教育的老师共同完成的，参加本书编写的作者均长期在高校从事大学生心理健康教育教学、研究和实践工作，也是学生心理健康教育和心理咨询及危机干预工作的主力军。各部分的写作分工如下：第一部分，郭威；第二部分，孙一然；第三部分，姚佳欣；第四部分，郭威；第五部分，姚佳欣；第六部分，田艳梅；第七部分，宋伊迪；第八部分，田艳梅；第九部分，孙一然；第十部分，孙亚红。刘芷若负责部分插图的处理和查找工作，盖小丽负责第一至第五部分以及第九部分的统稿工作，王立前负责第六至第八部分及第十部分的统稿工作，杨立华、张兰锁、柳连忠负责全书的顶层设计、框架搭建以及最后审定，郭威负责全书初审与总体统稿。

在此特别感谢河北师范大学安莉娟老师、河北医科大学第一医院王学义主任及其团队在本书前期编写大纲确定、体例框架搭建等方面提供的专业支持和倾情帮助！

为编写好一本科学严谨、同时又被学生喜爱的心理健康自助读物，所有参编老师反复斟酌讨论，不断精进，查阅和参考了大量的文献资料，汲取了心理学领域优秀的研究成果。虽然我们竭尽所能，但由于编者水平有限，书中不足之处在所难免，敬请专家和读者朋友们批评指正。

感谢高等教育出版社为本书的编写给予的大力支持。在本书编写过程中，我们也参考和借鉴了大量心理健康教育领域的论著、教材和资料，在此谨向被提名或未被提名的原作者致以衷心的感谢！

本书编写组

2024 年 5 月

目 录

第一阶段　新手期　/ 1

第一部分　从心开始，关注心理健康　/ 3
第一节　心灵美才是真的美——认识心理健康　/ 4
第二节　沐浴心灵 SPA——保持心理健康　/ 10

第二部分　适者生存，开启全新征程　/ 21
第一节　与新环境共舞——适应全新环境　/ 22
第二节　"生存"竞技场——常见的适应困难　/ 25
第三节　环境适应指南——适应环境的方法　/ 31

第三部分　自知者明，悦纳真实自我　/ 41
第一节　我的心灵地图——自我意识概述　/ 42
第二节　"我迷路了"——自我意识偏差　/ 47
第三节　从混沌到清晰——健全自我意识　/ 54

第四部分　魅力绽放，塑造健全人格　/ 63
第一节　解码你的人格 DNA——人格概述　/ 64
第二节　误入"雷区"——人格发展缺陷　/ 71
第三节　补齐个性拼图——健全人格的培养　/ 76

第二阶段 成长期 / 87

第五部分 拨云见日,培养积极情绪 / 89
第一节 心灵的晴雨表——情绪概述 / 90
第二节 当心情亮起"红灯"——常见的情绪困扰 / 96
第三节 别让情绪"绑架"你——情绪的自我管理 / 101

第六部分 学海泛舟,驶向知识彼岸 / 111
第一节 学如弓弩,才如箭镞——大学的学习 / 112
第二节 想说"爱你"不容易——常见的学习困惑 / 118
第三节 点燃学习之火——学习动力的激发 / 123

第七部分 你来我往,建立和谐人际 / 131
第一节 独行快,众行远——人际交往概述 / 132
第二节 是"敌"还是友——大学生人际交往特点 / 135
第三节 社交达人的养成——人际交往的技巧 / 140

第八部分 双向奔赴,掌握爱情密码 / 147
第一节 "缘"来是你——揭开爱情的面纱 / 148
第二节 甜蜜的负担——恋爱的烦恼 / 152
第三节 恋爱攻略——培养爱的能力 / 157

第三阶段　高手期　/ 165

第九部分　幸福未来，规划精彩人生　/ 167
第一节　"预见"方能"遇见"——职业生涯规划　/ 168
第二节　机会留给有心人——职业生涯准备　/ 174
第三节　穿越职场迷雾——步入职业舞台　/ 179

第十部分　生命礼赞，感悟生命真谛　/ 189
第一节　生如夏花——生命的意义　/ 190
第二节　独门绝技——心理危机应对　/ 198

参考文献　/ 205

第一阶段 新手期

亲爱的"玩家",欢迎踏入这片充满挑战的"心"世界。在这个神秘的领域里,每一段旅程都蕴藏着未知的奥秘与意外的惊喜,每一步探索都可能揭开属于你自己独有的宝藏之谜。

请注意!我们即将踏入一段传奇旅程的起点——新手期,在这里你将深入探究心理健康的奥秘,深度挖掘内在真实的自我,追寻内心的声音,掌握必备的适应技能……这一切都将为你未来顺利通关各类挑战,进而开启一段崭新的征程奠定坚实而稳固的基础。

你,准备好了吗?让我们鼓足勇气,勇敢地面对关卡任务中的种种挑战,努力超越自我,书写属于自己的传奇篇章!祝你闯关愉快!

第一部分
从心开始，关注心理健康

如烟往事俱忘却，心底无私天地宽。

——陶铸

孩子健康心理的培养比对孩子身体的关心更为重要，孩子只有具备了健康的心理，才能挑战未来，走向成功。

——［美］布鲁尔·卡特

第一节 心灵美才是真的美——认识心理健康

案例导入

小雨在高中阶段的学习成绩良好,进入大学后,随着环境的改变,她明显表现出不适应,多科考试成绩均在班级排名的中下水平。小雨曾向老师和同学表示学习吃力、压力大、睡眠不佳,也多次和家人通话哭诉,称自己很苦恼,情绪愈发烦躁的她,感觉周围同学也越来越疏远自己,并产生了不想上学、想去打工的想法。可是,家长的劝解没有帮助小雨摆脱困境,她的心理压力得不到释放,焦虑情绪得不到纾解。

一天,辅导员老师找小雨谈心谈话。在此过程中,小雨意识到由于没有很好地适应大学的学习和生活,导致了成绩不理想,心理健康状态也受到了影响。在辅导员老师的帮助下,小雨制订了适合自己的学习计划,并到学校心理中心进行了心理咨询,焦虑得到缓解的小雨重新投入到精彩的大学生活中(图1-1)。

图1-1 走出焦虑的小雨

近年来,大学生由于心理健康问题导致的悲剧事件时有发生,引起了人们对其心理健康问题的关注。作为新时代的大学生,我们有必要重视自身的心理健康状况。

一、心理健康是健康的关键拼图

（一）心理健康是健康的重要组成部分

谈及健康，我们可能会简单地认为没有生理疾病就是健康。但其实这是一种片面的认识，真正的健康应该是达到身心和谐、全面完满的状态。古语有云："身强曰健，心怡曰康"，即强调健康是一种身心和谐的状态。中医理论也一直强调"身心合一"的整体观念，认为人的身心是相互依存、相互影响且不可分割的整体，这种全面的健康观念体现了中华传统文化对身心健康的深刻理解。

 小视窗

中国人成为世界卫生组织建立的关键先生

1945年，《联合国宪章》制宪会议在美国旧金山召开。然而，大会通过的《联合国宪章》初稿只字未提"卫生"问题。中国外交官施思明是为数不多发现这一疏漏的人。在施思明等人坚持不懈的争取下，在中国和巴西代表团的努力斡旋下，定稿中终于列入了"卫生"这一字眼。此后，施思明作为西太平洋地区的唯一代表，参加了世界卫生组织成立的筹备工作，并承担了大量宪章草案的起草工作。施思明等人关于健康的观点以及其本人"世界卫生组织（World Health Organization）"的命名建议均被采纳。在《世界卫生论坛》的一篇采访中，施思明被称为"世界卫生组织创建人之一"。

1947年，世界卫生组织提出了一个关于健康的定义："健康不仅是没有疾病和虚弱，而且是身体、心理和社会上的完好状态。"这个定义将健康的范畴从单纯的生理健康扩展到了心理健康和社会适应能力。1989年，世界卫生组织进一步完善了健康的定义，新的健康概念包括躯体健康、心理健康、社会适应良好和道德健康。

因此，健康是一个多维度的概念，心理健康是健康的重要组成部分，与身体健康同等重要。

（二）心理健康是个人心境发展的最佳状态

1946年，第三届国际心理卫生大会将心理健康定义为："所谓心理健康是指在身体、智能以及感情上与他人的心理健康不相矛盾的范围内，将个人的心境发展成最佳的状态。"大会也提出了心理健康的标志，即身体、智力、情绪十分协调；适应环境，人际关系中彼此能谦让；有幸福感；在职业工作中，能充分发挥自己的能力，过着有效率的生活。

作为当代大学生，我们的心理特征既具有青年中期的许多特点，又存在与社会青年显著不同的特性，综合不同专家学者的观点，再结合我国大学生的实际情况，大学生心理健康的标准主要被归纳为以下几方面：① 能保持对学习较浓厚的兴趣和求知欲；② 能保持正确的自我意识，接纳自我；③ 能够协调与控制情绪，保持良好的心境；④ 能保持和谐的人际关系，乐于交往；⑤ 能保持完整统一的人格品质；⑥ 能保持良好的环境适应能力；⑦ 心理与行为符合年龄特征。

小测验

读完以上内容，你是否想了解自己的心理健康状态？请扫描下方二维码，进行测试吧。

心理健康水平测验[①]

---

① 江光荣. 大学生心理健康素养［M］. 长沙：湖南师范大学出版社，2021.

（三）大学生要重视自身心理健康状态

《中国国民心理健康发展报告（2021—2022）》对我国20余万名大学生在2010—2020年主要心理健康问题的检出率进行元分析后发现，这11年间我国大学生的抑郁、焦虑风险检出率显著上升，抑郁风险检出率为20.8%，焦虑风险检出率为13.7%。我们正处于人生关键的"拔节孕穗期"[①]，应当结合当前的时代背景重视提高自身的心理健康水平。

党的二十大报告指出，"把保障人民健康放在优先发展的战略位置，完善人民健康促进政策"。青年是国家的未来和民族的希望，促进青年健康是建设体育强国、健康中国的重要内容。作为新时代的大学生，我们肩负民族复兴的历史使命，因此，在对生理健康越来越重视的基础上，也要重视自己的心理健康状态，促进自身思想道德素质、科学文化素质和身心健康素质协调发展。

二、影响心理健康的因素有哪些

（一）生物因素是影响心理健康的重要因素

身高、体重、容貌、身材等体貌特征以及由于遗传、创伤、传染等原因导致的生理疾病或缺陷，会对我们的自我认识与悦纳、人际交往、恋爱或亲密关系、就业等产生影响，甚至造成长期的负面影响。酒精、尼古丁、咖啡因等精神活性物质的摄入或过度摄入，不仅影响我们的生理健康，还可能损害正常的心理机能（如注意力问题、情绪失调等），严重的甚至会引起物质成瘾。

（二）心理因素对心理健康的影响不容忽视

世界观、人生观和价值观深度影响着我们。一些不良的价值观念，如读书无用论、拜金主义、享乐主义等，容易让我们在学习、人际交往、恋爱关系、就业创业等方面陷入困惑或产生矛盾。一些消极或负面的个性特征，如过度内

---

① 拔节孕穗期原指禾谷类作物汲取养分、生长发育最快的阶段，也是决定这一年收成多少的重要时期，需要农人精心照料。引用到人特指青少年阶段，最需要精心引导和栽培。

向、以自我为中心等，不仅容易给我们造成适应与发展困扰，严重的甚至会引发心理障碍或精神疾病，如抑郁症、强迫症、社交焦虑障碍等。

（三）社会因素对心理健康的影响同样重要

家庭经济情况、父母个性特征、家庭成员关系等家庭因素深度影响着我们的心理健康状态。校园中不和谐的人际关系，如不和谐的舍友、同学、恋爱等关系类型可能引发不同程度的心理健康问题；社会文化环境对我们的心理健康状态也有着极大影响，其中网络环境对心理健康的影响愈加凸显。研究显示，现在普遍的心理健康问题大多和信息过载有直接关系，我们会愈发感受到冷漠和孤独，更容易变得焦虑和不安。同时，信息的瞬时推送，会让大脑在频繁切换中快速耗尽精力和专注力，导致日常的心累和精神涣散。

三、原生家庭对心理健康有深远影响

家庭是一个互动的系统，一个人和他的原生家庭有着千丝万缕的联系，在与家庭成员的互动过程中，父母的信念、个性、情绪、行为模式等都影响我们一生的发展。大多数心理疾病患者，究其病因，往往可追溯到童年时期的特殊经历。相较于部分原生家庭所带来的负面影响，更多家庭中传递与延续的并非创伤，而是关爱与温馨。

（一）家庭为我们提供安全感

心理学有一个经典实验，父亲带一个5~6个月大的婴儿来到公园，父亲坐在公园的长椅上，将宝宝放在草坪上玩。然后，父亲假装看报纸，宝宝开始会在父亲的脚边爬着玩，然后抬头看父亲，如果父亲拿下报纸，和宝宝对视，宝宝就会爬得远一点；如果父亲不和宝宝对视，宝宝则会越爬越近。这个实验说明了人类的探索精神是与生俱来的，但是要在感到足够安全的情况下才能进行，而家庭的功能之一便是为社会成员提供最初的安全感。

（二）家庭为我们提供爱与关怀

心理学家哈洛及其同事报告过一项研究成果：让新生的婴猴从出生起就与"铁丝妈妈"和"布料妈妈"住在一起。"铁丝妈妈"的胸前挂着奶瓶，"布料妈妈"没有。研究发现，婴猴只在饥饿时才到"铁丝妈妈"那里喝奶，其他更多的时间都是与"布料妈妈"待在一起。即使婴猴在遭到威胁时，也会跑到"布料妈妈"身边寻求庇护。这说明，父母对孩子的养育不能仅仅停留在满足基本生存需求的层面，充满爱与关怀的陪伴也很重要。

哈洛的恒河猴实验

（三）家庭为我们提供接纳与温暖

父母的教养方式对儿童的社会性发展有显著影响。通过研究，我们可以把父母教养方式分为专制型、权威型、忽视型和放任型四种（图1-2），其中，权威型作为一种理性且民主的教养方式，有着高要求且在情感上偏于接纳和温暖的教育特点，对我们的心理发展有许多积极的影响。这种教养方式下的孩子独立性强，善于自我控制和解决问题，自尊感和自信心较强，喜欢与人交往，对人友好。

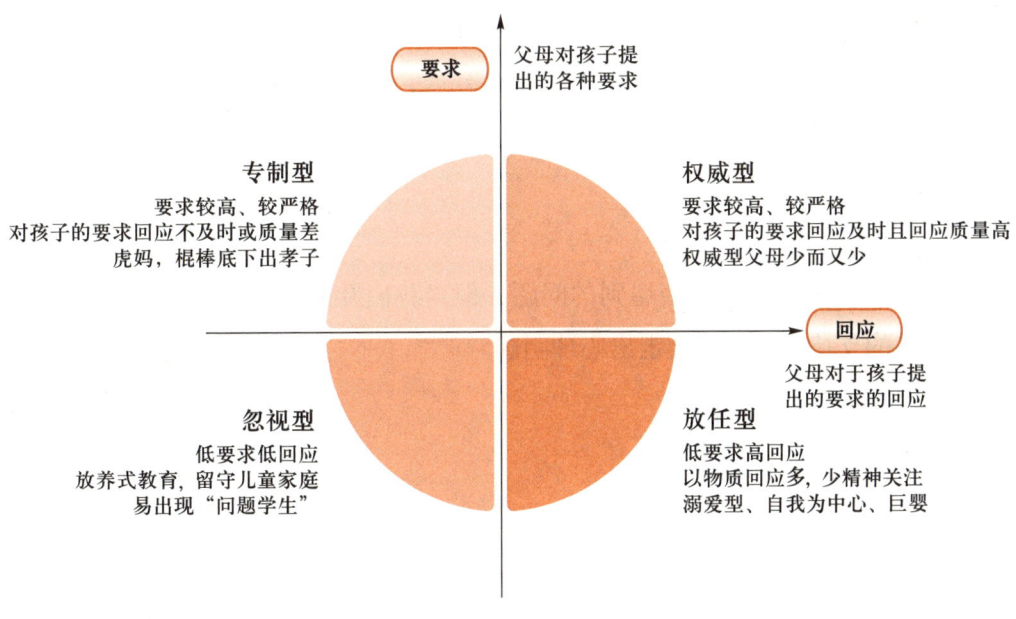

图1-2　四种类型的教养方式

第一部分　从心开始，关注心理健康

第二节 沐浴心灵 SPA——保持心理健康

案例导入

大二男生小宋,半年前不幸遭遇车祸,身体康复后听力却明显下降(图1-3),平时必须戴上助听器才能正常生活。小宋起初为此苦恼过一段时间,因为毕业在即,他对自己的学习和生活产生了消极想法。然而,小宋并没有一直沉浸在低沉的情绪中,反而鼓起勇气积极参加学校各项文体活动,结识了很多志趣相投的朋友。大家都认为小宋的经历很励志,小宋也慢慢觉得自己并不比任何人差,慢慢适应了戴助听器的日子,并逐步重燃了对生活的热情。

小宋在经历了突发事故后,并未一直消沉。他通过积极的行为模式参加各类活动,拓展了人际关系网,并重新感受到了自身价值,情绪状态也随之好转,顺利度过了心理关键期。

图 1-3 听力下降的小宋

心理困扰是我们时常会遇到的问题,但当我们开始直面困扰,学会借助自身和外在的支持,我们终会走出心理阴霾。

一、不乱贴心理疾病的标签

（一）正确把握心理正常与心理异常的关系

岳晓东提出的灰色区概念（图1-4）认为：人的心理正常与异常不是截然分开的，而是一个连续变化的过程。如果把心理正常比作白色，把心理异常比作黑色，那么，在白色与黑色之间有一个巨大的"灰色区"。灰色区可谓非器质性精神痛苦的总和。即使你自我感觉良好，也并不代表你的心理状态就是百分之百健康的。换句话说，一个身体健康的人也会有些小毛病，如视力不佳或者血压低等。

图1-4　心理健康灰色区示意图

因此，我们要正确认识心理健康的标准，不要教条地对应标准，还要结合自己的主观体验、学习及工作效率、社会适应功能等衡量心理是否健康。例如，很多人都会害羞，但这并不代表不正常。但个体如果害羞到不敢与人交往的程度，如尽管很想交朋友却尽力避免与人接触，那就属于社会功能受损。需要注意的是，"健康"和"不健康"都是在一定的"正常"范围内，都是用来论述"正常"的水平高低和程度如何。

（二）谨防乱贴心理疾病标签

在阅读心理学相关书籍、学习心理学相关课程后，我们可能会怀疑自己或他人的行为是否"不正常"，这与医学生在课堂或书本上学习某一种疾病时，时不时地认为自己或自己的亲友得了这种疾病的现象类似，这就叫作"医学生综合征"。

此外，我们可能声称自己患有某种心理疾病，有时候只是为了追求认同感，希望能得到更多人的回应。而个体这样习惯性地给自己贴上心理疾病的标签，往往会成为自欺欺人、逃避责任的一种方式。

需要注意，《中华人民共和国精神卫生法》第二十九条明确规定："精神障碍的诊断应当由精神科执业医师作出。"如果我们心理健康出现了问题，应到专业精神医疗机构进行评估,明确确诊,避免随意给自己或他人贴上心理疾病的标签。

(三)向精神疾病"污名化"说不

在日常生活中,你可能听过以下的表述:患精神疾病的人具有潜在暴力的危险性;患精神疾病的人没有学习和工作能力,千万不能招聘他们;心灵空虚的人才会容易得抑郁症,忙着工作生活的人不会患病……这些观点都体现了对精神疾病的"污名化"。

精神疾病"污名化"对精神疾病的患者有着巨大的负面影响,导致精神疾病患者产生羞耻感,这种羞耻感使得他们不愿寻求帮助或治疗,缺乏家人、朋友、同事或他人的理解,工作、求学或社交活动的机会减少,甚至遭受欺凌、暴力或骚扰等。我们要向精神疾病"污名化"说"不",不断增强对疾病的科学认知和对受疾病困扰者的关怀、接纳与包容(图1-5)。

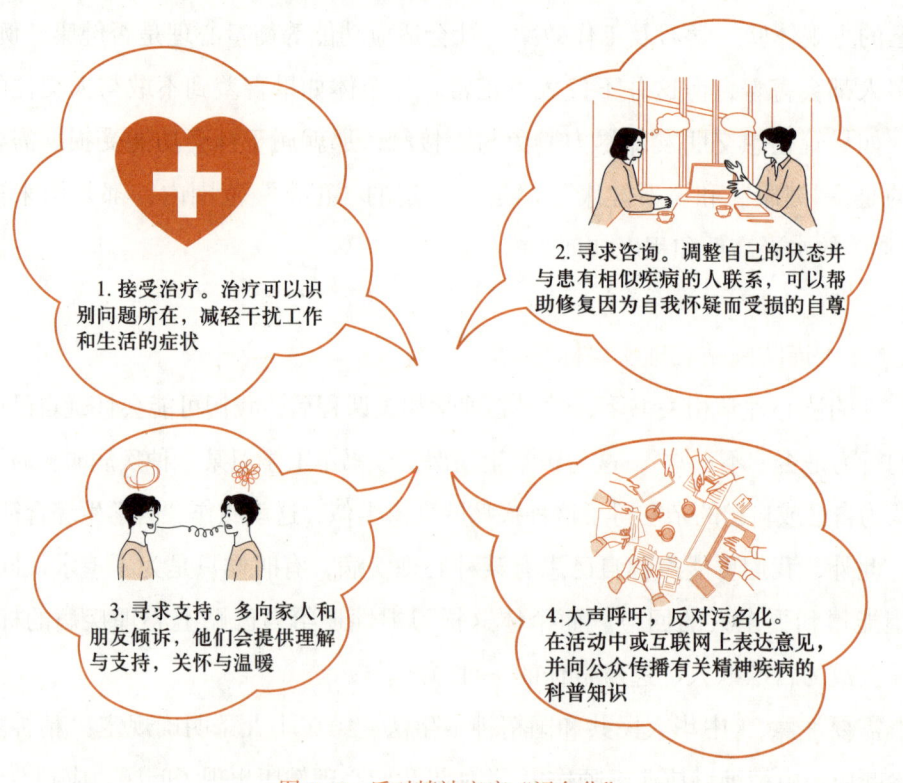

图1-5 反对精神疾病"污名化"

二、学会积极自助

（一）培养积极的行为模式

（1）积极参加心理健康教育活动。我们要转变"成绩代表一切，其他都不重要"的传统观念，积极参加各类心理健康教育活动，学习心理健康的科学知识，掌握心理调适的基本方法。

（2）进行积极的人际交往。人际交往对大学生的人生发展是有益的。通过人际沟通和人际交往，大学生可以相互启迪思想、丰富彼此的人生，最终促进个人的成长，满足自我实现的需求。

（3）学会管理和调适情绪。良好的情绪有助于发挥个人的潜能，提高学习和工作效率。调适情绪可以从培养乐观的心态开始，相信未来是光明的。

（4）理性看待原生家庭问题。对于原生家庭，我们应持有一种理性的态度，尽量尝试去和原生家庭进行和解。部分人童年受创伤的经历，可能是从祖辈，或者是从更上一代的人那里延续下来的伤害。没有父母愿意让自己的子女重蹈覆辙，体验相同的痛苦。许多人在成为父母后，都怀有改善家庭关系的愿景，然而，在实际生活中，不少人却无意中步入了与自己父母相似的行为模式。因此，我们应该理性审视并调整我们的行为，以期建立更为健康、和谐的家庭关系。

（二）养成良好的生活习惯

（1）合理饮食。日常的合理饮食大致包括：食物多样，谷类为主；多吃蔬菜、水果和薯类；常吃奶类、豆类或豆制品；常吃粮、鱼、禽、蛋、瘦肉，少吃肥肉和动物性油脂；吃清淡少盐的膳食；做到"早餐要吃好，午餐要吃饱，晚餐要吃少"。

（2）适量运动。运动可加速机体新陈代谢，使各器官充满活力，降低多种疾病的发病率，对人群中高发的心脑血管系统疾病尤为有益。因此，每周进行3~5次适量运动显得尤其重要。

运动对心理健康的影响

规律运动有助于预防和缓解焦虑和抑郁。对于抑郁症患者，运动疗法是有效的治疗方式。《中国国民心理健康发展报告（2021—2022）》调查数据显示，每周运动频次为 0 的组别，抑郁风险检出率远高于其他组别（图 1-6）。随着每周运动频次的增加，抑郁风险检出率逐渐降低。就心理健康的收益而言，个体单次运动 20 分钟以上便会产生正向影响。

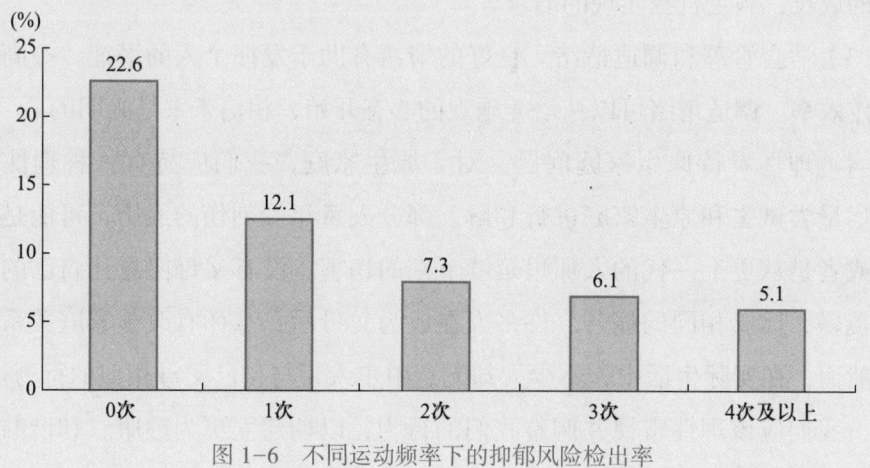

图 1-6　不同运动频率下的抑郁风险检出率

资料来源：中国科学院心理研究所国民心理健康数据库 2022 年心理健康蓝皮书数据集。

（3）适度上网。面对网络信息时代的信息过载情况，个体若要减少信息输入，就要学会适度上网，比如使用防沉迷功能、关掉朋友圈入口、设置游戏在线时间、定好刷短视频的时间上限等。

（4）充足睡眠。充足而健康的睡眠有助于维护个体情绪稳定，睡眠不足和睡眠紊乱会增加个体产生抑郁等情绪障碍的风险。

 **小锦囊**

提高睡眠质量

睡眠对人体健康的重要性不言而喻。睡眠不仅是身体和大脑恢复精力的重要过程,更在维持人体正常生理功能、免疫系统、记忆巩固以及情绪稳定等方面发挥着关键作用。接下来,让我们共同学习提高睡眠质量的小妙招(图1-7)。

1. 尝试维持规律的睡眠和起床时间。早上有规律的起床时间可以帮助你晚上入睡

2. 睡前进行一项放松的活动,比如读书、听轻音乐,或者洗热水澡

3. 避免在就寝前2~3小时才吃完晚饭。不要吃得太多,尤其是辛辣刺激的食物

4. 午觉时间要适度。白天睡得太多或太频繁,影响晚上的睡眠

5. 有规律的锻炼使人更容易入睡,有助于睡眠质量的提高。但睡前锻炼会使入睡更加困难

6. 睡前避免摄入咖啡因、尼古丁和酒精。咖啡因和尼古丁含有兴奋成分,让人更加清醒,难以入睡

图1-7 提高睡眠质量的方法

三、敢于主动求助

有时候，我们的求助障碍不仅仅来源于自身，也来于社会污名。当我们认识到"病"不可耻，并学会如何求助，有些问题就会迎刃而解。

（一）建立社会支持系统

要学会真诚地向他人分享自己的情绪。不仅仅是快乐的时候，在遇到困难、自己独立解决不了的时候，我们也要勇于向他人倾诉和求助。当然，平时我们也要乐于接受他人的分享，在他人有困难需要援助时，也不要吝啬给予他人支持。

在人际交往中，我们应用资源取向①的眼光看待他人，多看到别人的优点、闪光点、积极面。善于发现他人的优势是我们对他人价值体系的认同，是我们具有包容能力、具有自省能力的体现，也是建立和谐人际关系的基础。

不同省份心理援助热线汇总

（二）拨打心理援助热线

心理援助热线（图1-8）是以电话为媒介，为大众提供简捷便利的心理社会服务。心理热线具有匿名性、即时性等特点，使得那些可能因为各种原因（如地理位置、经济条件、社会偏见等）难以获得面对面进行心理咨询机会的人也能够得到必要的心理支持。因此，心理援助热线在维护公众心理健康、预防和减少心理问题的发生方面发挥着重要作用。

心理援助热线是一种十分便捷的咨询方式，目前很多省份地区都开通了心理援助热线，可以为我们提供帮助。假如我们想要了解精神心理方面相关的知识，或遭受情绪困扰，甚至有自我伤害的行为等，都可以拨打热线寻求帮助。如果拨通的号码占线，我们可以尝试多拨打几次，或者另拨打其他号码。

---

① 资源取向在心理学中又称为无条件的积极接纳，它要求我们在面对他人或事物时，不论其外在表现如何，都努力去发现并欣赏其内在的积极面和优势。

1.接线员是谁?
接线员大多数是有医学或者心理学专业背景和资质的精神科医生、护士或者是心理治疗师、心理咨询师,又或者是有相关学习和培训背景的志愿者

2.谈话内容会保密吗?
为了保证来电者的利益,接线过程会被录音,只要不触及法律底线和危害生命,录音将被妥善保存,谈话内容也会被保密

3.可以代替心理咨询吗?
不能。虽然心理热线非常及时便捷,但是与心理咨询相比,还是存在着无法进行预约、缺少非言语信息和表达等较多局限性

4.能每次都靠热线救助吗?
不能。拨打热线可获得即时性帮助,但个体在情绪状态稳定后,还是需要到医院精神科进行诊断,也要在医嘱下按时进行心理咨询或者心理治疗

图 1-8　解读心理援助热线

(三)坦然接受心理咨询

通过心理咨询,我们可以在心理咨询师的帮助下,调节心理状态,构建更加积极、合理、有效的行为模式,提高解决问题的能力和决策水平,改善自己的人际关系和发展未来潜能。对于多数人来说,第一次心理咨询难免产生紧张情绪。这种情况下,我们若有良好的准备状态,就非常有利于解决自己的问题。具体来说,可以从以下方面做好准备(图 1-9)。

图 1-9 做好咨询前的准备

第一次咨询，咨询师可能会与我们聊一些相关的问题，对我们的情况做出初步评估。例如，因为什么来寻求咨询、当前生活的其他方面是否受到影响以及我们的个人经历和家庭状况等。这些信息可以帮助咨询师更好地了解我们。下一步，咨询师会和我们一起讨论咨询目标、咨询计划。此外，咨询过程中，咨询师会提供一些专业建议。例如，建议我们去当地医院精神科或精神类专科医院就诊，以此判断是否需要接受药物治疗，在此基础上再配合进行心理咨询；如果咨询师认为自己无法针对我们的情况提供帮助，他（她）也会提出转介的建议，帮助我们找到更适合自己的专业支持。

小练习

呼吸意识冥想法练习

呼吸意识冥想法是一种综合性的身心调节手段。研究显示，经常进行冥想训练，可以提高注意力，改善睡眠等。接下来，大家可以根据以下步骤进行冥想练习。

（1）选择一个舒适的姿势让自己放松下来，放松全身，双手自然地放在膝盖上（图1-10）。闭上眼睛，用鼻子呼吸，把注意力放在呼吸上，静静地体会呼吸时的紧张与放松。

（2）尽可能地放松自己，稍后，呼吸会慢慢变得平稳，人也越来越平静。继续体会呼吸的节奏和状态、吸气和吐气之间的平和。

图1-10 呼吸意识冥想法练习

（3）可以告诉自己：我正在慢慢吸气，我正在慢慢吐气。吸气时，想象自己感受着大自然给予身体的能量；吐气时，体会紧张、浊气排出体外的过程。

（4）当注意力从呼吸上转移时，不要着急，静静地观察这种"游离"，然后慢慢地把意识引回到自己的呼吸上。

（5）可以根据自己的状态来调节冥想时长。开始时，时间可以稍短，5分钟左右，然后慢慢增加到10分钟、15分钟，以至更长。

资源推荐

一、阅读推荐

《心理学与生活》

作者：理查德·格里格　译者：王垒等

该书写作语言流畅，通俗易懂，深入生活，将心理学理论与人们的日常生活相联系，是大众的心理学科普读物。

《天才在左，疯子在右》

作者：高铭

该书以访谈录的形式记载了生活在"另一个角落"的人群（精神病患者、心理障碍者等边缘人）的所思所想。

二、影视推荐

《幸福实验室》

作品类型：纪录片

该片以最前沿的心理学研究聚焦当下热门社会话题，用科学实验的方法深度剖析当代年轻人的心理健康状况，引导观众获得关于如何幸福的答案。

《美丽心灵》

作品类型：电影

该片讲述了患有精神分裂症的数学家约翰·福布斯·纳什，在博弈论和微分几何学领域潜心研究，最终获得诺贝尔经济学奖的故事。

第二部分

适者生存,开启全新征程

思想决定行动,行动养成习惯,习惯形成品质,品质决定命运。

——陶行知

个体的每一个心理反应,不管是指向于外部的动作,还是内化了的思维动作,都是一种适应。

——[瑞士]让·皮亚杰

第一节 与新环境共舞——适应全新环境

案例导入

小黄自出生以来从未离开过家乡四川，因而一直对外面的世界充满向往。高考填报志愿时，小黄坚定地选择了几所外地的学校，最终被北京的一所职业院校录取。来到北京之后，小黄便一直觉得鼻腔不是很舒服（图2-1）。舍友在了解小黄的症状后，告诉她北京的气候比四川干燥，因此她会觉得鼻腔干痒，随着时间的推移，小黄逐渐适应了这种干燥的气候。她的鼻腔不适感明显减轻，她已经逐步适应了北京干燥的空气环境。然而，新生活的挑战才刚刚开始，小黄又迎来了饮食口味、集体生活、自主学习、小组活动等方面的挑战，需要她一一克服和适应，面对这些挑战，她禁不住感叹："大学生活可真不简单啊！"

图2-1 鼻子难受的小黄

进入全新的"地图领域"后，我们会面临新的任务与挑战。随着所处环境的改变，我们的生理机能和心理状态也会产生变化。为了更好地"生存"，我们需要不断适应这些变化，积极应对各种挑战与困难。

一、不断变化的环境

（一）学习环境发生变化

大学的学习环境相较于中学而言，在许多方面发生了变化。大学作为实施高等教育的一个主要制度性机构，通过专业的划分培养细分领域的高素质技能人才，这使得大学学习的内容更专、更精，需要我们培养更强的专业意识和实践能力。

除此之外，大学的授课方式与任务安排更加灵活，除了传统的讲授式教学，大学还普遍采用案例分析、小组活动、实践操作等多种教学方式，要求我们主动参与、思考和探索。大学的许多学习任务也没有形式和时间的硬性要求，需要我们根据自己的学习进度和能力进行合理安排，要求我们在学习过程中具备更高的自主性和自我管理能力。

（二）生活环境发生变化

也许我们会到家乡以外的城市求学，环境的变化会给我们带来不同的生活体验。不同的城市有不同的气候类型，气温和湿度的变化可能会给我们的身体带来挑战；不同的地区有不同的风土人情，我们可能会因为陌生的方言和特殊的文化习俗而感到困惑；不同的地方有不同的饮食习惯，我们可能会面临口味不习惯或食物过敏等问题。这些挑战可能会使我们出现水土不服的情况，除了生理方面的食欲不振、肠胃不适等，还有心理方面的焦虑、抑郁、烦躁等情绪问题。

二、人人都有适应能力

（一）我们的适应能力在不断发展

适应能力包括心理适应、行为适应、社会适应和生理适应等多方面的能力，是一项不断进步和发展的能力。新的环境和挑战会帮助我们积累更多的经验和知识，通过不断地学习、积累经验和调整心态，我们能更好地把握和应对未来的变化，从而提高适应能力。

适应是一个心理建构的过程，我们需要通过自身与环境的交互作用，使自己的认知方式和行为活动更符合现有环境和自身发展的要求，达到"个体—环境"的新平衡，例如大学的住宿生活要求我们生活自理，这种环境会培养我们独立完成家务的能力，以更好地适应住宿生活。在此过程中，我们的适应能力得到进一步发展和提升，这有利于我们未来迎接新的环境变化挑战。

（二）我们的适应方式有个人特色

每个人适应环境的方式方法各有不同，在不同的目标指引、性格特点和资源条件下，即使面对相同的环境挑战，也可能会采取不同的方式进行应对。无论是主动出击，保守应对，借助外力还是调整内心，都是个体为了生存和发展而采取的有效策略。这些不同的适应方式不仅体现了个体的多样性和创造力，也让其在面对环境变化时更加从容和自信。

"内卷"与"躺平"是近几年因社会竞争激烈化而衍生出的网络流行语，前者指的是人们为了完成某个任务或实现某个目标，需要付出远高于以往的时间和精力，变得更加"努力奋斗"。后者描述的是意识到无论怎么努力都难以成功，所以选择放弃和放任。这两个词都不是单纯的褒义词或者贬义词，并不是"躺平"就是错误的，"内卷"就是正确的。面对时代给出的难题，作为新时代大学生，我们应结合自身特点，在"内卷"和"躺平"两者之间找寻恰当的平衡（图2-2）。

图2-2 选择"内卷"还是"躺平"

第二节 "生存"竞技场——常见的适应困难

案例导入

小郑是个篮球迷（图 2-3），来到大学的第一天他就被校园内宽敞干净的篮球场深深吸引。"能来这里上大学真是太好了！"小郑满怀喜悦地想，但这份喜悦并没有持续太久，当他看到自己的课表时，不禁发出疑问："大学真如外界所言那般轻松吗？"从周一到周五，小郑的课程安排满满当当，其中三天是满课状态。此外，大学同样设有晚自习制度，这让小郑无暇参与户外活动。于是，小郑只能把希望寄托于周末，然而周末是社团活动最为繁忙的时段。小郑不禁发出感叹："'等你考上大学就轻松了'，真是一个美丽又残忍的谎言啊！"

图 2-3　打篮球的小郑

现实的大学生活与理想的大学生活存在差距，看似简单的任务实则暗藏难题，看似脆皮的"怪物"却难以战胜，当我们感受到这份现实与理想的差距时，就会产生心理落差与适应困难。

一、对新角色的期望并未达成

（一）大学生对自身的角色期望

在人的一生中，每个人会扮演多种角色。当我们步入一个新的人生阶段，所处环境发生变迁，新的角色便会随之解锁。进入大学校园后，我们的角色便转变为大学生。社会心理学认为，角色规范了我们的职责与行为模式，每种角色都对应着一定的行为表现，这些特定表现指的就是"角色期望"。这些期望往往基于社会规范、文化传统、职业道德等因素，并随着时间和文化背景的改变而发生变化。

身为大一新生的你，对自己有什么样的角色期望？大学生应该是朝气蓬勃的吗？因为代表着国家的未来，承载着人民的期望。又或者是轻松自在的？因为远离了家长的管束，拥有了更多自主支配的时间。还是自立自强的？因为需要充分利用大学的时间与资源，努力提升自己。对于"大学生"这个角色来说，不同人存在着不同的角色期望。但无论是什么样的期望，都需要我们用心去经营和实现。

（二）期望落空产生的角色冲突

大学聚集了来自天南海北的学生，其中不乏一些具备某方面特长的优秀学生。在各专业的不同特点与要求下，随着学习内容与形式的改变，一些原本表现一般的学生也会实现极大的突破，在适合自己的赛道上取得亮眼的成绩。不仅在学业方面，运动技能、艺术素养、学生工作，甚至人际关系等方面也存在类似情况，许多原本认为自己在某些方面有过人之处的学生可能会在大学环境中感受到挫败，从而造成自我怀疑、自我否定的现象，产生自卑心理，甚至出现自暴自弃的行为表现。

角色冲突是一种常见的心理矛盾和行为冲突现象，指个体在扮演不同角色时，由于这些角色之间的期望、要求或行为规范的不一致而引发的矛盾。当我们对某一角色的期望状态与现实情况出现偏差时，便会产生角色冲突。例如某学生在中学时期的辩论赛事中屡获佳绩,因此期望成为大学辩论队的优秀辩手,但现实情况却是他在人才济济的辩论队中缺乏上场机会(图2-4)。我们如果能够做出与期望状态一致的行为,就能够获得自我的认同与内心的和谐,但若是无法满足期望状态,就会使内心产生冲突,从而出现各方面的适应障碍。

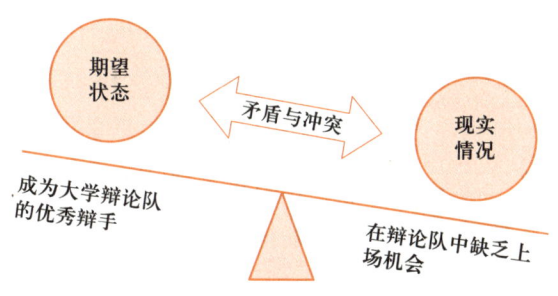

图 2-4 期望与现实的冲突

 小测验

良好的心理适应能力可以帮助我们更好地适应新环境。想知道你的心理适应能力如何吗?可以扫描下方的二维码进行测试。

心理适应能力测验[①]

二、对新学业的预想过于简单

在进入大学之前,每当我们因为繁重的课业而叫苦连天时,常听到同一句安慰:"等你考上大学就轻松了。"但等真正进入大学后,我们会发现大学生活并没有想象中的那么轻松惬意。理想与现实的落差会使我们产生失望、沮丧等消极情绪,这些消极的情绪体验又会驱使我们做出不同行为进行应对。

---

① 张智, 幸荔芸. 高职学生心理健康教育(活页式)[M]. 上海:上海交通大学出版社, 2021.

（1）振奋精神，努力适应。应及时调整心态，接受并适应现实状况，适应新的学习节奏。比如认真对待各门课程与各项活动，并且结合自身特长与兴趣更有针对性地参与课外活动与比赛，努力提升自己，实现自我成长。

（2）陷入迷茫，随波逐流。我们会感到迷茫，不知道该如何应对当下的情况。比如虽然表面上会按时上课、提交作业、参加活动，但实际课上难以集中注意力，作业缺乏创新与思考，活动大多听从学校安排，缺乏主观积极性。

（3）缺乏规划，自由生长。我们缺少对大学生活的规划，陷入散漫懈怠的状态。比如迟到早退，甚至旷课，上课偷玩手机、趴在桌子上睡觉，拒绝参加学校组织的各项活动等，不顾学业的安排和生涯的规划，只顾享受所谓的"自由生活"。

哪一种行为能够使我们更好适应大学的学习生活，结果是显而易见的。面对新的挑战，逃避或抗拒只会使情况变得更加糟糕。我们应该接受并认清现实情况，分析挑战给我们提出的要求，及时调整自己的状态，并且采取积极的行动去努力适应崭新的大学生活。

三、对新生活的准备不够充分

（一）自理能力有待提高

"妈宝"是一个网络流行语，往往是指那些什么事情都听妈妈的，一切都以妈妈的标准来判断对错，什么都以妈妈为中心的人。有时候，那些被妈妈宠坏，或者完全没有自主思想的人，也被贴上"妈宝"的标签。

大家为什么会对"妈宝"敬而远之？因为"妈宝"放弃自我思考，一味听从妈妈的安排，失去了主见。"妈宝"当久了，养成了依赖的习惯，无法自己做主，不管遇到什么事，首先慌忙地寻找"妈妈"。学生们在进入大学前多在家中生活，备受父母呵护，但溺爱会造成孩子过分依赖父母，缺乏自理能力。尤其在中学阶段，一些家长为了能让孩子专心学习，便会在生活上给予他们最大便利，甚至到了让孩子"衣来伸手，饭来张口"的程度。对步入大学阶段的我们来说，由于与家庭空间距离增大以及学校住宿统一安排的原因，家长无法再为我们提供全方位的照顾，吃饭、洗衣、打扫等事都需要靠自己，因此我们需要增强生活自理能力。

（二）消费行为有待规范

大学生是消费者中的一个特殊群体，他们有着自己独立的消费意识和消费特点，同时也会是未来的消费主力和消费潮流的引导者。大学生目前的消费情况和消费观念，不仅会影响自己日后的生活方式，而且对未来社会消费文化的构建也会产生重要影响。

作为大学生的我们，由于大多不具备经济独立的能力，家里会提供一定数额的生活费以满足我们的日常消费。不论生活费是否充裕，我们都有可能因缺乏消费规划而面临经济问题。由于自主消费的经验不足和对金钱的认知淡薄，我们可能会出现一些并不恰当的消费行为（表2-1）。

表 2-1 不恰当的四种消费行为

不恰当的消费行为	行为描述	示例
感性消费	在消费时更多地依赖感性和冲动，而非理性分析和比较	在社交媒体上看到许多博主都在推广一款护肤品，没有看是否适合自己的肤质便盲目下单
盲目消费	盲目地追求时尚、品牌和潮流，购买一些并不真正需要或者并不适合自己的商品	为了迎合潮流购买了一条阔腿长裤，结果发现对自己来说过于肥大，穿过一次就闲置了
攀比消费	为了与他人比较而购买一些昂贵的商品或服务，以满足自己的虚荣心	最新款手机上市后就迫不及待进行购买，并在同学间炫耀
超前消费	为了提前享受、追赶潮流或满足虚荣心，不顾自身消费能力甚至整个家庭的经济状况，超出自己经济承受能力的限度进行消费	看到同学们花钱给游戏买装备，就忍不住透支自己的生活费给游戏充值

四、对新关系的建立感到棘手

大学有更多的时间和空间,为我们的社交活动创造有利条件,同时也带来了不同类型的社交挑战。上大学时,我们大多远离了之前生活的区域,来到新环境,人际交往方面首先面临的挑战就是结交新朋友,而舍友在这一环节具备着天然的地理优势。但舍友并非我们自主选择,很有可能遇到性格、习惯、爱好等方面存在巨大差异的舍友,因此我们需要不断提升社交能力。

俗话说距离产生美,但在狭小的宿舍环境下,人与人之间的距离缩短,因此容易产生矛盾与争端。许多学生缺乏集体生活的经验,生活习惯较为自我,若遇到与自己行为习惯不同的舍友,长期共处难免会引发冲突。因此需要彼此相互理解,换位思考,不断磨合,生活中尽量不要影响他人,以此维持和谐稳定的人际关系。

虽然社交需求是一项极为重要的需求,但仍有部分学生在校园里独来独往。有些"独行侠"是被动的,他们的性格过于内向,不敢主动与他人社交,只能独处;有些"独行侠"是主动的,他们反感社交或是认为社交无用,所以不愿与他人来往。但人不可能活在真空中,我们需要与其他人建立各种各样的联系,合作或竞争、受助或施助、交友或相爱……与他人的联结能够使我们拓宽视野,获得支持,减轻压力,更好地适应新环境。

 小贴士

减少绝对化的词语

生活中尽量不要产生"他应该""他肯定""他必须"这类带有绝对性的词语的想法,因为每个人都是平等且独立的个体,他人不一定会按照我们的想法做事,给他人和自己都留有一丝余地能够使我们的生活更加轻松。

第三节 环境适应指南——适应环境的方法

案例导入

大学的第一个寒假时,小李回到老家。他在家中的表现令小李的父母不禁感叹:"这还是我那个懒惰的儿子吗?"因为以前的小李从来不做家务,但这次放假回来,他不仅每天起床后叠被子,把房间打扫得整整齐齐,还会主动承担家务(图2-5)。小李的父母本来还在担心衣来伸手饭来张口的儿子没有办法适应大学的独立生活,这下看到儿子的转变真是又惊又喜。

在学校里,小李每天自己打饭、洗衣、整理床铺,军训后他还练就一手把被子叠成豆腐块的本领。事事亲力亲为之后,小李深刻体会到父母的不容易,因此更加佩服和感激自己的父母。同时他也获得了巨大的成就感,令他感到非常满足,果然劳动最光荣。

图2-5 学会主动承担家务的小李

在缺失家人照料的情况下,我们不得不开始积极培养自我管理能力,致力于自我提升。在真正迈向独立生活的征程中,我们会发现,实际面临的挑战并未如预想般艰巨。

一、良好的心态帮助我们应对挑战

来到大学这个新环境后，我们会产生一些关于自身的新认识，有积极的认识，也会有消极的认识。需要明确的是，世界上并不存在完美的人，学校里也并不存在完美的学生，每个学生都是优势与不足的集合体，且优势与不足各不相同，这是我们珍贵的特质。

一千个人眼中有一千个哈姆雷特，一百个大学生就有一百种大学生活。正是因为每个人对大学生活都有自己的独特看法，我们无法满足所有人的期待与要求，与其随波逐流、唯唯诺诺，不如关注自己的特点，倾听自己的心声，摒弃杂念，活出自己独特的大学生活。因此我们应该结合自身的实际情况，探索适合自己的大学生活。在确立合适的目标后，我们的生活会更有方向感，知道自己是谁，知道自己想成为谁对我们每个人来说都很重要。

二、科学的方法帮助我们高效学习

（一）正确设置目标

一些学生来到大学后会感到迷茫，失去了努力的方向。再加上密集的课程安排、复杂的实训任务、形式多样的课外活动，学生在无意间就开始被课程、作业和学生活动推着走。

在大学阶段，我们应结合自身情况与需要设定学习目标。设定目标的过程，也是我们认识自己、了解自己的过程。通过不断思考、探索和实践，我们可以更加清晰地认识到自己的水平、优势和不足，从而更好地规划自己的学习生活。同时，这些目标也将成为我们前进的动力，帮助我们在追求梦想的路上不断前行，直至实现自己的目标。一个人的精力有限，若想每天去图书馆报到就要放弃周末的球赛，若想在职业技能大赛中获得奖牌就要牺牲部分参与社团活动的时间，鱼与熊掌不可兼得，为了实现自己的目标，我们需要在条件允许范围内舍弃一些东西。

（二）关注能力提升

职业教育以职业导向性为显著特征，其目标是培养具备特定职业技能和素养的高素质技术人才，这使得高职学校的课程设置、教学内容和教学方法都紧密贴合职业需求，旨在使学生毕业后能够迅速适应并胜任相关工作岗位。除了学校的努力之外，为了更顺利地与岗位对接，我们也需要在大学期间做好相应的准备，提升对应能力（表2-2）。

表2-2 对接岗位所需能力及提升方法

能力类型	提升方法
专业技术能力	认真对待课程与作业，建立扎实的专业知识基础，并通过职业技能大赛、实训活动等形式提升动手实践能力
团队协作能力	认真对待小组活动，积极组队参与学校组织的各项活动，在与其他学生的合作过程中培养团队精神
领导管理能力	加入学生组织，参与学生工作竞选并担任学生干部，通过组织活动、管理团队、协调资源等，提高组织协调能力与领导管理能力
人际沟通能力	在与同学、舍友、老师等群体的交往过程中，准确表达自身需求，认真倾听对方诉求，与他人有效沟通，和谐相处

（三）使用科学方法

在逐渐适应大学学习生活的同时，我们可以探索出一套适合自己的学习方法，使用正确的方法学习能够极大提高我们学习的效率，获得更好的学习成果。

1. 提高学习自主性

大学对学生学习的自主性提出了更高要求，我们需要自主安排学习时间，制订学习计划，提高学习效率，这需要我们加强自我管理能力，学会独立思考和解决问题。

2. 提升学习专注度

大学充斥着多种多样的新鲜刺激，加上手机依赖与网络成瘾的问题，学生难以集中注意力专心学习。因此我们可以试着放下手机，静下心来，更专注于学习。

番茄工作法

番茄工作法（图2-6）是意大利人弗朗西斯科·西里洛创立的一种时间管理方法，可以帮助人们提高工作效率和专注度。它将工作时间划分为多个25分钟的"番茄"，在"番茄"时间中，不可以做当前任务外的任何事情，也不可以被其他人或事打断。否则，这段时间就属于"烂番茄"，你需要重新开始。每个"番茄"之间休息5分钟，每4个"番茄时间"后，休息时间增加为15~30分钟，以此循环完成工作任务。

图2-6 番茄工作法

3. 善用学习资源

大学有丰富多样的课程和活动、各种类型的职业技能竞赛和学科比赛，以及各具特色的社团和学生组织，我们可以根据自己的兴趣和职业规划，选择适合自己的部分积极参与。

4. 提升实践能力

学校为学生提供了参与实习、实训和实验等机会，并且许多学校存在校企合作项目、订单式培养等模式，使得学生能够在真实的工作环境中学习和实践。我们应珍惜实践机会，在实践中提高职业技能，提前适应职业需求。

5. 学会合作学习

我们应积极参与小组讨论与活动，在与他人合作的过程中，互相学习、互相鼓励、互相帮助，共同进步。在学习遇到困难时，要勇于向同学、老师求助。

三、独立的能力帮助我们适应生活

（一）学会自主进行时间管理

大学的时间安排更为灵活，学生具备更高的自主选择性。这需要我们合理地安排时间，更好地规划学习和生活。我们可以制订详细的日程安排，列出计划，设定优先级和目标，提高时间利用效率。

（二）学会自主进行生活管理

大学的住宿生活要求我们独立安排自己的衣食住行，这需要我们培养良好的生活习惯。我们在独立生活时也要注意个人卫生管理和健康管理，学会打扫卫生等家务工作，注重三餐的营养搭配（图2-7），关注自身的健康状况，以满足正常的生活需要。

图 2-7　三餐注重营养搭配

（三）学会自主进行经济管理

大学的生活独立也包括独立支配生活费，这需要我们树立正确的金钱观与消费观。我们可以制定预算，控制开支，规划理财，更好地管理自己的生活费。也可在不耽误学业的前提下，尝试自食其力，利用业余时间参加有意义的实习兼职。

四、真诚的表现帮助我们维护关系

（一）待人亲切友善

态度在人际交往中有非常重要的作用，它直接影响着人与人之间的相互理解、沟通和关系的建立与发展。态度具有感染性，一个人的待人态度很容易影响他人的情绪。积极、乐观的态度能够传递出正能量，激发他人的积极情绪，营造和谐、愉悦的人际氛围。而消极、悲观的态度则会引发他人的负面情绪，导致人际关系紧张。

亲切友善的态度有助于构建和谐稳定的人际关系，当我们以友善、接纳的态度对待他人时，对方更容易感受到尊重和信任，从而愿意分享自己的想法和感受，促进关系的建立与发展，同时也有利于我们给对方留下更好的印象，使其更加愿意与我们交往。

> 小锦囊

人际交往中的友善表现

人际交往互动中的友善表现是人与人间感情相互贴近的促进剂。我们可以在生活中多多关注这些友善表现（图2-8），学习它们并将其应用到人际交往中。

图2-8 人际交往中的友善表现

（二）积极采取行动

在建立和维护人际关系时，积极主动的态度和行动起着至关重要的作用。这种积极主动性不仅体现在对人际关系的投入和热情上，还体现在对问题的主动解决和对他人需求的敏锐察觉上。

（1）建立新关系。主动与他人交流是建立新关系的第一步。如果我们不主动与他人打招呼、介绍自己或邀请他们参与某些活动，就很难建立新的联系。

（2）维护现有关系。已建立的关系也需要通过主动的行动来维护。我们需要定期与朋友、家人或同事保持联系，分享彼此的生活和经历，表达对他们的关心和支持，使感情更加亲密。

（3）解决冲突。在人际关系中，冲突是不可避免的。当冲突发生时，主动寻求解决方案和进行沟通是解决问题的关键。如果我们主动表达自己的想法和感受，耐心倾听对方的观点，可以更容易地找到双方都能接受的解决方案。

 小视窗

主动求助有利于促进关系发展

富兰克林效应指的是相比那些被你帮助过的人，那些曾经帮助过你的人会更愿意再帮你一次。也就是说让别人喜欢你的最好方法不是去帮助他们，而是反过来，让他们来帮助你。我们在生活中可以通过主动向他人求助，或采取其他行动主动与他人进行接触，为关系的建立创造机会。在关系建立之后，也需要积极进行维护，才能使关系更加稳定和长久。

（三）寻找共同话题

相似性是人际吸引的重要一环，如果两个人在某些方面具有共同点，比如爱好、特长、家乡、口味、长相、经历……这些都能够成为我们接触的契机，增加我们的共同话题，促进我们的关系发展。

（四）学会换位思考

换位思考是指在人际交往中，能够主动将自己置于他人的位置上，从他人的视角出发，理解和体验他人的内心世界，并形成彼此之间的共同感受。这种思考方式对于建立和谐的人际关系、解决冲突、增强同理心等方面都具有重要意义。

人与人之间在诸多方面存在差异，若想和谐相处，就需要我们时常换位思考，站在对方的角度去考虑问题。尤其是当产生矛盾时，若我们局限于自己的角色中，便很容易对他人生出怨怼，若我们进行换位思考，就会明白矛盾的根源所在，进而及时有效地化解矛盾。

小练习

积极的心理暗示

积极的心理暗示有助于我们调整心态，保持积极乐观的情绪状态，最终实现更好的自我和更幸福的生活。我们可以通过以下步骤尝试进行积极的心理暗示：

步骤1：找到一面镜子，与镜中的自己进行对话。

⬇

步骤2：对镜中的自己露出微笑，赞美自己的笑容。

⬇

步骤3：说出自己的优点，夸奖自己。

⬇

步骤4：回忆最近几天的经历，结合具体行为肯定自己。

⬇

步骤5：每天重复以上4个步骤，坚持一个月。

资源推荐

一、阅读推荐

《给青年的十二封信》

作者：朱光潜

本书探讨了青年成长中常常遇到的十二个问题，诸如读书、理想、爱情、朋友、立志、人生……为青年们的人生提出了有益的指导。

《读大学，究竟读什么》

作者：覃彪喜

本书作者结合自己的真实经历，深入全面地谈论了大学生在学习、生活、考研、留学、求职、创业等方面要注意的问题。

二、影视推荐

《开讲啦》

作品类型：青年电视公开课节目

该节目每期邀请一位嘉宾讲述自己的故事，分享他们对于生活和生命的感悟，对中国青年进行现实的讨论并给予心灵的滋养。

《三傻大闹宝莱坞》

作品类型：电影

该片讲述了三位主人公寻找消失的朋友兰彻的故事，穿插了大学时期的回忆，展现了主人公之间深厚的友谊和对自由的追求。

第三部分
自知者明，悦纳真实自我

知人者智，自知者明。

——老子

这世界上最重要的事情，不论从任何角度来说，就是自己彻底了解自己。

——［法］米歇尔·德·蒙田

第一节 我的心灵地图——自我意识概述

案例导入

进入大学,小林期待与同学们建立深厚友谊、共同创造美好的大学回忆。然而,她逐渐发现,与同学们建立融洽的关系并非易事。她觉得同学们不喜欢自己,原因是自己缺乏突出的特长和技能,导致在与同学们的交往中显得无所适从(图3-1)。她又无法控制自己的情绪,经过几次心理咨询,小林意识到这实际上是她内心渴望得到同学们的关注和重视的表现。生活中,她总是不自觉地和同学做比较,总想着比同学们表现得更出色,生怕同学看不起自己。她认为自己各个方面都不如他人,因此渴望得到关注,对于同学的评价异常敏感,常常曲解同学们的言行,进而产生消极情绪。她对于自己现在的状态十分不满意,认为这不是自己想象中的大学生活。

图3-1 无所适从

拥有健康幸福的生活,需要我们具备对自我深刻而全面的认知,增强自信心,构建和谐的人际关系,并为长远的个人发展奠定坚实基础。

一、自我意识是在社会交往过程中逐步形成和发展起来的

大学时期是自我意识逐步完善与发展的关键阶段，同时也是面临众多挑战和问题的时期。在自我意识迅猛发展的同时，我们也会常常自问："我是一个什么样的人？""他人是如何看待我的？""我应当成为一个怎样的人？"这些问题实际上是自我意识的深化与拓展，是我们在成长道路上需要不断探索与追问的永恒话题。

自我意识是对自己及自己与周围关系的多方面、多层次的认知、体验和评价，包含三个方面的内容，是一个多维度、多层次的心理现象（表3-1）。

表3-1　自我意识的内容与结构

内容	结构		
	自我认识	自我体验	自我控制
生理自我	对自己外貌、衣着、所有物等的认识	英俊、漂亮、有吸引力、迷人、自我悦纳	追求外表的美丽
心理自我	对自己智力、性格、兴趣、能力、思维等特点的认识	聪明、敏感、有能力、迟钝、思维敏捷、感情细腻	追求智慧和能力的发展、注意行为符合社会规范
社会自我	对自己角色、义务、责任的认识	自尊、自卑、自信、自豪、自怜	与他人竞争、获取他人好感、履行责任

在社会交往和个人发展过程中，如果我们没有清晰的自我认知，就不了解自身的需要，无法有目的地活动。通过正确的自我认知，能够确立较为合理的发展目标，并依此制订计划，指导自己的活动，从而激发起强大的动力。

自我探索的工具——OH卡牌

OH卡牌是一种潜意识直觉卡,由两组牌组成,各88张。一组是图画卡,包含了生活各个层面的水彩画图案;另一组是有文字的引导卡,可以作为水彩画图案的背景。当选择任意一张图画卡放进任意一张文字卡,会有7744种不同的组合情况(图3-2)。不同的组合,可以激励我们发挥创造力和想象力,促进自我认知,贴近自己的潜意识,从自己的想法探究真实的心理,从而使自己找到解决困惑的途径和方法,发掘自己的潜能。

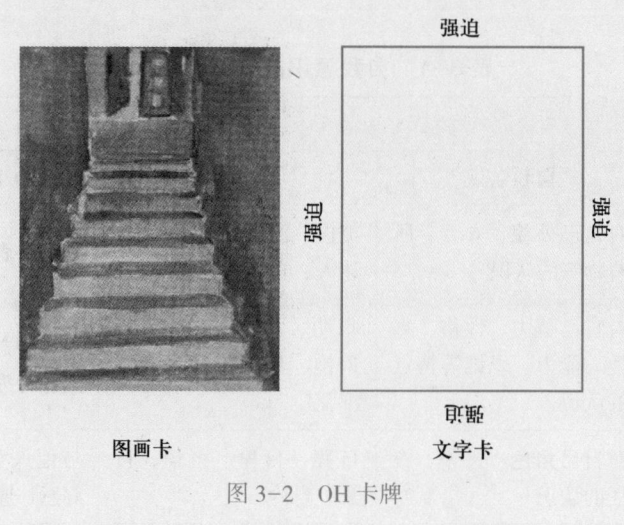

图3-2 OH卡牌

二、自我意识的发展:觉醒与成长

大家或许很好奇,我们是从什么时候开始用第一人称"我"来形容自己,我们是什么时候明确地意识到站在镜子前,镜子中的映像就是自己?阿姆斯特丹的"点红实验"表明,人在2岁左右就开始有了明确的自我意识,意识到自己是一个独立的存在,能够将自己与周围事物分开。

自我意识发展持续一生,埃里克森将自我意识的形成和发展划分为8个阶段，这个顺序是由遗传决定的，具有跨文化的一致性。"危机"是划分各个阶段的依据，每一个阶段都存在特定的"危机"，这里所说的危机并非灾难性的事件，而是指发展过程中的重要转折点。积极地解决危机可以增强自我的力量，帮助我们更好地适应环境，从而顺利地度过这一阶段；消极地解决危机则会削弱自我的力量，阻碍我们适应环境。

我们大多处于18~20岁的年龄阶段，这个阶段主要面临的发展危机是在追求自我认同的过程中所经历的迷茫与焦虑，如"我是谁""我具备怎样的个性与特质""我拥有哪些独特的才能与技能""我适合从事何种职业""我未来的方向在何处""我应如何塑造自我"等一系列问题。在这个阶段我们会反复体验自我变化和不确定性，其显著特征是认识活动由外部转向内心世界。自我意识发展趋于稳定是在个体生理、心理趋向成熟，社会化程度不断增强的过程中实现的。

三、大学生自我意识发展具有独特性

（一）自我认识的内容更加深刻

在大学阶段，我们不再局限于对身体特征与生理状况的自我认识，而是深度拓展到对自身能力的挖掘、性格特质的了解、社会角色的定位、社会地位的认同以及人生价值追求的全面审视，致力于实现个人的全面发展。这种全面的自我意识，致力于全方位地提升自己，使我们能够在成长的道路上不断追求卓越，取得更加辉煌的成就。

（二）自我体验强烈且易波动

在大学阶段，我们对自己的评价和态度呈现出一种起伏不定的态势。当情绪高涨时，我们对自己的认同和评价会随之提升；而在情绪低落或遭遇挫折时，我们对自己的评价则会下降。同时，我们也极为在意他人对我们的评价，他人的点滴看法也可能会在我们内心掀起轩然大波，使我们难以保持内心的平静与稳定。

（三）自我控制能力明显提高

这一阶段我们的自我控制能力明显提高，但时常伴随着不稳定的现象。在大多数情况下，我们都能够根据社会的期望调整不切实际的目标和动机，积极遵守学校的规章制度，严格要求自己。然而，有时候，我们也会发现自己在下定决心后，却轻易放弃，甚至陷入放纵的境地。这种情况虽偶发，但也在提醒我们，自我控制能力的培养是一个长期且需要不断努力的过程。

四、自我意识具有丰富的功能

（一）内省调节功能帮助我们更接近理想自我

在我们明确了心中"理想自我"的形象，不断缩短"现实自我"和"理想自我"差距的过程中，自我意识会对我们的认知、情感、意志和行为进行深入的反思，这种反思是一个自我剖析的过程，有助于我们分析受挫的根源，进而调整我们的认知结构，使之与"现实自我"更为贴近，进而重塑出一个更加贴近现实的"理想自我"。这一过程是自我监督和自我教育的体现，能够帮助我们在面对困境时持续成长和进步。

（二）导向激励和自我控制功能帮助我们调动潜能、获得成就

健全的自我意识会帮助我们形成准确的自我认知和评价，并在此基础上塑造自立、自信、自强等良好的心理品质，激励我们大胆尝试、积极进取，最大限度地调动自身潜能，获得成就。同时，身为大学生的我们，若想获得发展、取得成就，不仅需要设定明确的目标，还需时刻对自己的行为和情感进行调控，以防偏离预定轨道。

（三）自我意识能够反映心理健康水平

自我意识的发展程度反映了我们的心理成熟程度和健康水平。健全的自我意识能够帮助我们准确认识、悦纳自我，从而保持良好的社会适应和人际交往能力，进而维护心理健康。

第二节 "我迷路了"——自我意识偏差

案例导入

小昭喜欢去各个宿舍串门,他深信频繁的互动能够增进彼此间的友谊。但最近好多同学反映小昭存在一些问题,例如,他常常在宿舍随便拿他人的东西吃,衣服脏了就穿别人的衣服,甚至毫不避讳地穿别人的新球鞋。当别人婉拒他时,他就说:"我们关系这么好,穿个鞋怎么了?"他还经常在宿舍大声打电话(图3-3),不仅干扰了同学们的休息,而且言谈之间也不顾及他人的感受,尽管他自认为是仗义执言,但实则伤人颇深。当辅导员找到小昭询问原因时,小昭却认为自己平时就是这样性格直爽,不拘小节,对同学没有恶意。

图3-3 小昭大声打电话,干扰他人

一个不拘小节的人往往比较随性,大家都愿意与之交往,但为何同学们对小昭不满,究其原因,是他过于以自我为中心,不尊重他人感受。

在日常生活中,我们可能会感到困惑,对于如何与同学建立和谐且友好的交往关系感到迷茫。这种困惑往往源于自我意识的偏差。

第三部分 自知者明,悦纳真实自我

一、自卑的人会陷入自我贬低的泥潭

我们会在主观上认为自己与他人相比存在明显的差距,时常感到自己不够优秀,甚至陷入自我贬低的泥潭。尽管内心怀有诸多愿望与期待,却往往因担忧自身能力不足、难以胜任而心生畏惧,进而缺乏积极尝试的勇气。在做事情时,常常过分小心谨慎,过度关注他人的看法或评价。

自卑会导致我们产生习得性无助。习得性无助是在经历了一系列无法控制的负面情境后,逐渐形成无论怎样努力也无法改变事情结果的无望认知。这种无助感会致使我们在面对类似情境时产生放弃努力的想法,即便存在改变现状的机会,也放弃尝试。例如,一位同学学习成绩不佳,就可能会产生对学习的恐惧和自卑情绪,如果不加以调适,这种无助甚至会蔓延至日常待人接物的小事之中。

如果自卑的心理不能得到改善,就会使人变得郁郁寡欢,影响正常的人际交往,导致错失许多宝贵的机会,这种自我否定的情绪甚至会逐渐演化为自我厌恶,进而引发一系列心理和身体上的疾病。

 小测验

想了解自己的自尊心水平吗?请扫描下方二维码参与测试。

罗森伯格自尊量表[①]

[①] 闫艳,谢笑春,盖笑松,等. 中国大中学生的罗森伯格自尊量表测评结果 [J]. 中国心理卫生杂志,2021,35(10):863-868.

二、自负的人会过分高估自己

生活中,自负的人往往倾向于过高地评价自己,对于他人的建议持拒绝态度,常常以自我为中心,固执己见,忽视他人的感受。自负与自卑是自我评价不当导致的两个极端现象,即过度夸大自我与过度贬低自我。

自负的人常将过往的经验视作决策的唯一准则,忽略了现实的多样性与复杂性,因此,易出现决策失误,遭受失败打击的情况。同时,他们过度在意他人的评价和批评,一旦遭遇挫折或困难,便会感到无地自容、一蹶不振,极易陷入自卑的境地,严重的甚至会影响心理健康。

自负会导致以下几个方面的后果。① 决策失误。自负的人由于高估自己的能力和判断力,这种盲目的自信会导致错误的决策。② 人际关系紧张。自负的人往往以自我为中心,忽视他人的感受和需要,从而引发他人的不满和反感。③ 学习和成长受限。自负的人自认为足够优秀,无须继续学习和成长,这种心态会限制他们的视野和潜力,会使他们逐渐落后于那些不断追求进步的人。④ 团队合作困难。在团队协作中,自负的人面临与他人合作的挑战,他们不愿意倾听团队成员的意见和建议,这种态度会影响团队的凝聚力和效率。

三、以自我为中心的人会过度关注自身需求

以自我为中心的人凡事从自己的角度出发,忽视他人的感受,缺乏换位思考和客观分析的能力,并常常将自己的意愿强加于他人。他们无法意识到个体之间的差异性,因此难以赢得他人的好感和信任,人际关系紧张、不和谐,难以得到他人的帮助,易遭遇挫折。部分大学生过于追求个性的彰显,他们更关注自我,习惯于从自身的角度思考和分析问题,这种倾向导致他们更容易陷入以自我为中心的境地。

这种情况如果不加以调适,可能会出现以下问题:① 人际关系紧张。以自我为中心的人由于缺乏同理心,忽视他人的感受和需要,在与他人交往时易引发误解和冲突。② 孤独感增加。由于以自我为中心的人难以与他人建立深入的

联系，会导致他们感到孤独和不被理解。③ 社交技能下降。以自我为中心的人由于缺乏倾听、尊重和关心他人的能力，致使人际关系更加容易紧张。④ 职业发展受限。以自我为中心的人往往难以与同事建立起有效的合作关系。他们过分关注自身的利益和需求，忽视他人的感受和建议，这种缺乏合作精神的态度无疑会阻碍他们在职场上的晋升和发展。⑤ 导致心理问题。以自我为中心的人在遭受失败或挫折时，会感到极度失望和沮丧，甚至产生自我怀疑和自卑感，进而产生焦虑抑郁等心理问题。

小视窗

三山实验

皮亚杰的"三山实验"证明了个体的自我中心的倾向。实验过程如图3-4所示：

孩子面前摆放了三座不同山的模型，对面摆放了一个玩偶

过程1
从自己角度
选出从四个方向看到的三座山的形状图片

过程2
从玩偶角度
选出从四个方向看到的三座山的形状图片

图3-4　三山实验

实验结果显示：孩子只能准确选出从自己角度看到的山的形状，而不能准确选出从玩偶角度看到的山的形状，这就显示出孩子的自我中心倾向。

四、盲目从众的人会武断地与大多数人保持一致

生活中，作为集体的一员，为提高集体的凝聚力和工作效率，维护集体团结的形象，我们通常会选择与大家保持一致，但这也会由于不考虑实际情况，盲目地追随大多数人的意见，缺乏必要的独立思考，导致决策的失误。因为群体压力的影响，轻易地放弃自己的意见，选择与大多数人保持一致，这实际上是一种消极从众行为。

消极从众现象（图3-5），无论对我们个人还是集体，均有不可忽视的危害。一方面，这种行为会加剧我们的惰性心理，阻碍创造力的发展，同时也不利于分析判断能力提升；另一方面，有时"真理掌握在少数人的手中"，如果盲目从众，达成表面上的一致而强行通过，极可能导致决策的失误。

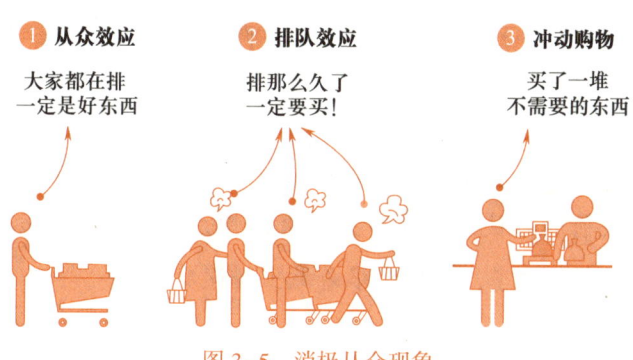

图3-5 消极从众现象

生活中消极从众现象屡见不鲜。比如在股市出现的"羊群效应"；在消费领域，当一款产品受到大众的热烈追捧和极力推荐时，很多消费者便会盲目跟风购买，即使他们对该产品的实际需求并不明确，对其性能与性价比的了解也仅停留在表面，比如更换一款热销但并不知道具体功能和性价比是否适合自己的手机。又如网络热点的产生，在网络平台上，某些话题之所以迅速成为热点，引发大量关注和讨论，很大程度上是因为个体看到他人都在热议某个话题，产生一种"我也应该参与"的从众心理，从而推动话题的传播。

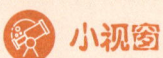

从众实验

实验每组7人,其中6人为事先安排好的实验合作者,只有1人为真正的被试者。实验者每次向大家出示两张卡片,其中一张画有标准线X,另一张画有三条直线A、B、C。X的长度明显与A、B、C三条直线中的一条等长。实验者要求被试者判断X线与A、B、C三条线中哪一条线等长(图3-6)。

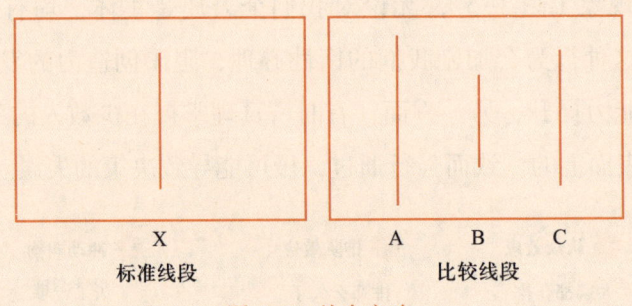

图3-6 从众实验

实验者把真正的被试者安排在最后判断。第一、二次测试大家没有区别,第三至第十二次前六名被试者按事先要求故意说错。真正的被试者出现从众行为,明知其他人都错了,却仍然跟着做出错误反应。

五、完美主义者会期待无所不能

心理学家用"对完美的渴望"和"对缺陷的恐惧"两大特点来形容完美主义者。完美主义者往往怀揣无所不能的期望,致力于将每一件事都打磨至极致。"对完美的渴望"促使他们不断挑战自我,力求在各方面都表现得比他人更优秀。一旦达到了某一标准,他们便会为自己或他人设定更高的要求,如果结果不尽如人意,他们往往会将这种不完美归咎于自身或他人的缺陷,产生沉重的心理负担,甚至诱发心理问题。

心理学家按照完美标准的来源以及实施对象,将完美主义者划分为三种类型：自我指向型、社会指定型和他人指向型（表 3-2）。

表 3-2 完美主义者分类

类型	完美标准的来源	完美标准的实施对象	不同类型完美主义者特点
自我指向型	自己	自己	自己不够完美时，会对自己进行极为严苛的批评与责难。具有强烈的成就动机，希望通过自己的努力获得成就、避免失败
社会指定型	他人	自己	只有自己在他人眼中是足够完美的，符合他人的期待，才会觉得自己是有价值的
他人指向型	自己	他人	会毫不客气地对他人的行为与表现评头论足。刻薄，很难信任他人，易感受到孤独

第三节 从混沌到清晰——健全自我意识

案例导入

小新是高职学校汽车检测与维修专业的学生（图3-7），刚步入大学时，由于理科基础较为薄弱，他在学业上十分吃力，作业和实训都落后于其他同学，这让他倍感沮丧。然而，小新并未因此放弃，而是每天坚持到实训室进行实操练习，努力弥补自身的不足，紧跟老师和同学的步伐。小新通过坚持不懈地训练，最终在期末考试中取得了优异的成绩。

小新深知自己在动手能力方面仍有不足，因此当他了解到可以参加省级汽车维修的技能大赛时，便积极联系老师报名参与。在前期，由于专业技能水平较弱，他常常怀疑自己的选择是否正确。但他没有放弃，他相信自己，不与他人比，只与昨天的自己比较。于是在不懈努力下，他成为参赛队伍中的正式队员，并在职业技能比赛中斩获省级金奖。

图3-7 学习汽车检修的小新

我们每个人都有不足之处，也可能因此产生自卑的情绪。但如果能正视这些不足，正确认识自我，不断提升自我，就能发现更好的自己。

一、全面地认识自我

大学时期，我们的自我意识正处于一个逐步完善的过程中。在这个过程中，我们在自我认识和控制方面不免遇到一些挑战和困难，这会引发自我意识的偏差，从而导致心理上的困惑，因此我们要有意识地进行调适，改善自我的状态。我们可以通过以下四种途径全面认识自我。

（一）通过与他人比较认识自我

最初，我们往往以他人为镜，将他人对自己的认知投射到自己身上，从而以"客观"的视角审视自己。比如当看到同学因为热爱劳动受到称赞时，我们会通过对照自己的行动，反思自己是否也积极参与劳动，进而认识到自己在劳动实践中的态度同样是积极的。经过多次比较，我们能逐渐深化对自我的认识，形成更加明确的自我概念，如"我是一个热爱劳动的人"。

此外，与条件相似的人比较，能帮助我们更准确地评估自己的实际水平以及在群体中的位置；与杰出人物进行比较，能够帮助我们发现自己的不足。在比较时，应避免仅以自己的长处去比较他人的短处，或仅以自己的短处去比较他人的长处。相反，我们应该以发展的、辩证的眼光看待自己，正视与他人的差距。比较的视野越广阔，方法越科学，自己在社会中的位置定位越准确。

（二）通过心理和生理的测验认识自我

我们可以通过一些心理测验了解自己的心理特征，如智力测验、人格测验等。通过生理的测量或者检测，我们可以了解到自己的生理状况及生长发育水平。

（三）通过以往成功或者失败的经验认识自我

我们在实践活动中的表现和取得的成果会成为一面镜子，这面镜子能反映出我们自己的体力、智力、情感、意志和品德等特性，进而深化我们对自我的认知。比如一位同学在比赛中取得了好成绩，他就会相信自己具备相当的实力，对自我有了全新的认识。

（四）通过自我反思认识自我

认识自己，就要做一个有心人，正如古人所言："吾日三省吾身。"唯有不断地对日常生活中的表现进行自我反思，认真总结自己的性格特点和行为模式，才能发现现实自我与理想自我的差距。在反思过程中，我们一方面可以通过自我监督来克制、约束自我，达到设定的目标；另一方面可以通过自觉按要求实施自我教育，以实现现实自我与理想自我的统一。

二、积极地悦纳自我

我们应当坦然面对自身的不足，而非自我否定、过低地评价自我，相反，在面对自身不足时，应该建立自信心，悦纳自己。根据奥地利心理学家阿德勒的理论，自卑感并非全然消极，一定程度的自卑，会促使人发奋图强，改善自己的缺点。我们内心深处或多或少存在着自卑感，成功人士也不例外，只是每个人自卑的方面和程度各异。

建立自信心，悦纳自己需要做到以下几个方面。

（一）接纳自己的不完美

"尺有所短，寸有所长"，切勿苛求自己，因为现实中的我们和理想中的标准是存在差距的。我们要学会欣赏自己的优点，接纳自己的不完美。例如，我们可以以诚实的态度列出自己不喜欢自己的地方，对于能够改变的缺点，积极去改变；对于短时间难以改变的缺点，试着去接纳。

（二）学会为"足够好"而满足

我们要认识到真正的完美是不存在的，当我们取得一定成就时，应当适当给予自己鼓励或奖赏，让自己学会为成功而庆祝；当我们倾尽全力，但结果并未如我们所愿时，我们也要懂得为自己的全心投入感到满足，这是一种"为足够好而感到满足"的状态。

（三）给予自己正向的反馈

我们可以通过寻找自己的成就事件，用心体会愉快的心情，坚定地认可自己的能力与价值。同时，我们应该多给予自己正向的反馈，建立和巩固良好的自我感觉，而非一味地沉溺于缺点和失败之中。

（四）切忌反复强调"我不能自卑"

培养自信心是一个缓慢渐进的过程，越反复强调"我不能自卑"，越容易不受控制地向自卑的方向发展。

（五）改变自己的观念和思维方式

心理学家艾利斯认为，影响我们态度和情绪的，不是事情本身，而是我们对待事情的态度和看法。所以当我们遭遇失败时，我们可以从中挖掘出可以提高和改正的方面，认识到"失败是成功之母"，这样就能减少因自我评价过低而产生的负面情绪体验。

（六）学会积极的自我暗示

积极的自我暗示会给我们带来积极的情绪体验，当我们不断重复积极的话语或信念时，我们的大脑会逐渐接收这些信息，并开始相信自己的能力和价值。这种积极的信念会影响我们的情绪、态度和行为，使我们更有动力去追求成功和幸福。

小锦囊

建立信心的小技巧

无论是应对学习上的挑战、处理人际关系的问题，还是实现个人成长的目标，信心都是推动我们前进的动力。掌握建立信心的技巧（图 3-8），能帮助我们逐步建立起更强大的自我信念。

图 3-8 建立信心的小技巧

三、有效地控制自我

自我控制需要我们在拥有清晰自我认知的基础上，使自己与他人、环境的关系趋于协调，激发自己的潜能，不断缩小现实自我和理想自我的差距。有效地控制自我，需要做到以下几点。

（一）设置合理有效的目标

当我们存在自负或者苛求完美倾向时，我们需要根据自己的实际情况设置合理的目标，通过积极行动来验证自己的预判，从而增强自我效能感。

（二）用发展的眼光看待成就

为了缩短"现实自我"和"理想自我"之间的差距，我们必须持之以恒地付出努力，过去的辉煌成就，并不能代表现在的状态或未来的潜力。我们不应因过去的成就而过高地评价自己，也不应因一时的挫败而过度贬低自己，相反，应当以发展的眼光看待过去的成就和挫败，不断积蓄力量，去接近理想自我。

（三）虚心地接受和对待他人的反馈意见

无论是存在自负还是以自我为中心倾向，都是缺乏对他人的关注与理解，不愿调整自己去接纳他人观点的表现。只有当我们站在他人的立场去思考问题，去尝试理解他人的观点和感受，才能逐渐克服自负心理，摆脱以自我为中心的束缚。

（四）培养顽强的意志品质

在缩短"现实的自我"和"理想的自我"之间差距的过程中，需要有顽强的意志做后盾，这份意志会帮助我们在面临挫折、失败或者产生自我怀疑时，排除干扰，坚定地走下去。

> **小贴士**
>
> 健康的自我对话
>
> 健康的自我对话是一种自我管理的策略，也是进行自我控制的方法。以下是自我对话的实操方法：
>
> 第一，觉察你经常出现的自我对话（自言自语），并记录它们；了解自我对话的情境、风格。
>
> 第二，有意识地准备一些积极的话语，练习它们，比如"没关系，别紧张，有了这次失误，下次就知道怎么做了"等。
>
> 第三，用第三人称代替第一人称，用说出口代替默念。
>
> 第四，给自己的负面声音起一个绰号，比如给自己内心刻薄的声音起名"讨厌鬼"。当忍不住讽刺挖苦自己时，喊它"讨厌鬼，你又开始说丧气话了"。

小练习

自我觉察练习

认识自我需要我们具备良好的觉察能力，自我觉察是对自己进行观察、发觉以及完整认识的过程。进行自我觉察练习有4个步骤：

第一，日常书写。写出所发生的事件和情绪感受，比如与同学吵架，你的感受、情绪是什么，它如何影响你的生活，后续会带来什么。

第二，摘取重点。从自己的表达性书写中，找到你最在意的点，比如我最在意"我们的关系是否会因为吵架而破裂"，将自己对这个部分的情绪，看法和行为联系起来。

第三，试着去寻找原因。比如"我害怕关系破裂，是因为什么"。

第四，试着去接受。接受出现消极情绪、看法、行为的原因，正视自己不足的地方，提出建设性的想法并采取行动。

请你进行如下练习：

（1）客观描述事件和你的情绪感受。
_____
_____

（2）选取你最在意的部分，将这部分的情绪、看法和行为写下来，联系起来。
_____
_____

（3）寻找自己情绪、看法和行为背后的原因。
_____
_____

（4）接受出现消极情绪、看法、行为的原因，提出建设性想法或者采取行动。
_____
_____

资源推荐

一、阅读推荐

《遇见未知的自己》

作者：张德芬

本书期望能够唤醒更多的人，提示他们快乐幸福的真正途径是向内看，向内探索，取悦自己而不是取悦他人。能够及时休整自己的人，才能够越来越幸福、喜悦。

《自卑与超越》

作者：阿尔弗雷德·阿德勒　译者：曹晚红

本书立足于个体心理学视角，从教育、家庭、婚姻、伦理、社交等多个领域，以大量的实例为论述基础，提供了克服自卑心理，从而化自卑为动力、不断超越自己、追求卓越、实现个人与社会和谐发展的有效途径，阐明了人生道路的方向和人生意义的真谛。

二、影视推荐

《鸣龙少年》

作品类型：电视剧

该剧展现了五位"问题学生"，虽然不断遭遇生活和学习上的挫折和困难，但是在英语教师雷鸣和心理老师桑夏的帮助下，他们逐渐认识到自己的问题和不足，并最终努力改变自己，重拾初心的故事。

《心灵捕手》

作品类型：电影

该片主人公是一个名叫威尔的麻省理工学院的清洁工，他有着过人的数学天赋，却是个叛逆的问题少年，在教授兰勃、心理学家桑恩和朋友查克的帮助下，威尔最终打开了心扉，消除了人际隔阂，实现了自我价值并收获爱情。

第四部分

魅力绽放,塑造健全人格

把自己的私德健全起来,建筑起"人格长城"来。由私德的健全,而扩大公德的效用,来为集体谋利益。

——陶行知

夫君子之行,静以修身,俭以养德,非淡泊无以明志,非宁静无以致远。

——诸葛亮

第一节 解码你的人格 DNA——人格概述

案例导入

小张、小赵、小王、小薛四位同学一起到剧院观看音乐剧表演,由于堵车他们迟到了 10 分钟(图 4-1)。剧院规定,开演 10 分钟后停止检票进场,他们只能等待当天的下一场演出。激动不已的小张与检票员理论道:"你们这规定不合理,为什么偏偏是 10 分钟,而不是 15 分钟?我们考试都是规定开始 15 分钟以后才不让进场呢!再说了,堵车也不是我们的过错,你得让我进去!"边说边推着检票员,越说越激动。小赵趁检票员和小张解释的时候,偷偷钻了进去。小王则选择走进了旁边的咖啡厅,悠然品尝咖啡的同时休憩一下,等待下一场演出的开始。小薛则频频地抱怨道:"我怎么这么倒霉,昨天不小心把电脑磕坏了,今天看演出又迟到了,要是我早点来,就不会被挡在门外了。"

图 4-1 针对同一事件四人的不同反应

上述现象在日常生活中确实屡见不鲜,不同的个体面对同一事件时,反应截然不同,这其实与个体的人格特质有非常大的关系。

一、人格是遗传、环境共同作用的结果

(一) 人格是个体心理特征和行为模式的总和

人格一词来源于拉丁语"persona",原指古希腊演员在舞台上所戴的假面具,类似于中国京剧中的脸谱,每一个脸谱都有非常鲜明的角色特点(图4-2)。人格的内涵涉及多个层面,表现为能力、气质、性格、需要、动机、兴趣、理想、价值观和体质等方面的整合。综合各类学者的观点,人格的概念可以界定为:人格是指个体在生活、实践活动中经常表现出来的、比较稳定的、带有一定倾向性的心理特征的总和,是一个人区别于其他人的独特的精神面貌和心理特征。

图 4-2 京剧中的脸谱

(二) 先天遗传决定了人格形成和发展的基础

首先,遗传奠定了人格发展的生物学基础。遗传因素可以影响大脑神经递质的分布和活性,从而影响个体的情绪、动机和认知过程。实验者通过双胞胎研究发现,同卵双胞胎在内、外向性和情绪的稳定性等方面的一致性显著高于异卵双胞胎,这说明遗传因素在人格形成中有重要作用。

其次,遗传可以影响个体对环境刺激的敏感性和反应方式。例如,某种基因的遗传使个体对压力、疼痛等刺激更为敏感,从而影响其情绪反应和应对方式。

这种敏感性和反应方式的差异导致个体在相同环境下表现出不同的人格特质。

（三）后天环境对人格的发展有重要影响

家庭、学校、社会等环境因素影响着人格的后天发展，如自我概念的形成、态度和价值观的塑造、道德感的培育，以及行为习惯的养成等。

家庭环境对我们每个人的人格发展具有重要意义。其中，父母的教养方式对子女人格的形成和发展影响较大。表4-1呈现了在不同父母教养方式下，孩子所展现出的主要性格特征。

表4-1 不同父母教养方式下孩子的主要性格特征

父母教养方式	孩子的主要性格特征
权威型	亲切温和、情绪稳定、深思熟虑；独立、直爽、积极协作
专制型	有恐惧心理，缺乏自信心
放任型	较强的冲动性、攻击性，缺乏独立性和责任感；懒惰、自私、任性、撒娇、为所欲为
忽视型	较强的冲动性、攻击性，不顺从、自傲、自狂、目中无人、自以为是

学校环境对性格的养成也发挥着重要作用。例如，教师的言行举止和管教方式对学生性格的养成具有潜移默化的影响。教育心理学家勒温等人针对教师不同管教风格对学生的影响进行了深入研究。研究结果显示，在不同的管教风格下，学生会表现出不同的性格特征（表4-2）。

表4-2 不同教师管教风格下学生的性格特征

教师管教风格	学生的性格特征
专制型	情绪紧张、冷漠或带有攻击性，教师在场时毕恭毕敬，不在场时秩序混乱，缺乏自制力
放任型	无团体目标、无组织、无纪律、任性，经常遭遇失败和挫折
民主型	情绪稳定、积极主动、态度友好、有领导能力

罗森塔尔效应

心理学家罗森塔尔曾在一所小学开展了实验,在对学生进行了测验之后,将一份"最有发展潜力者"的名单交给了校方。但其实,名单上的学生是随机挑选的。8个月后,罗森塔尔和助手们对这些学生进行了复试,结果那些被认为最有发展潜力的学生,成绩和表现都有了显著的提高。

原来,教师对名单上的学生产生了较高的期待,而这种高期待会传递给学生,最终影响了学生的成绩和表现,这就是著名的"罗森塔尔效应",它充分强调了积极期待的重要性。

每个人都生活在特定的社会文化环境中,以网络为例,对人格的影响呈现出复杂而多维的特点,其负面效应值得我们重视。过度依赖与沉迷网络会引发一系列问题,例如,过度沉溺于虚拟世界可能导致我们在现实生活中变得孤僻、自闭,缺乏与他人的有效互动。此外,网络的匿名性和自由性在一定程度上导致了个体言行的随意性,这可能让我们在网络空间中言行失范,进而形成不良的人格特质。

综上,作为当代大学生,我们应该保持清醒的头脑,注重发挥遗传优势,充分利用外在环境因素,逐渐培育自身健康、积极的人格特质。

二、人格对个体成才发展具有重要意义

(一)气质会对人的活动方式与效率产生影响

气质是表现在心理活动的强度、速度、灵活性与指向性等方面的一种稳定的心理特征。在各种实践领域中,气质虽不起决定作用,但不同气质类型(图4-3)对人的工作方式有一定的影响,并在一定程度上影响工作效率。

图 4-3 四种气质类型

研究和实践表明,某些气质特征为一个人从事某种工作或职业提供了可能性和有利条件。例如,黏液质、抑郁质的人,容易适应持久细致的工作;多血质、胆汁质的人容易适应迅速、灵活的工作。

 小测验

你想了解自己的气质类型吗?可以扫描下方二维码,测一测你的气质类型。

气质类型测验[①]

(二)性格和健康关系密切

经过深入研究,研究者发现人格特质与健康状况之间存在着显著的关联性。

---

① 安莉娟,张丽娟,田艳燕. 大学生心理健康教育[M]. 北京:首都师范大学出版社,2021.

因此，对于人格特质的深入了解和把握，有助于更好地维护和促进个体的身心健康。心脏病学家弗雷德曼与罗森曼所提出的 ABC 性格概念，就很好地验证了上述观点。

1. A 型性格

A 型性格的人往往进取心强，有事业心，时间观念特别强，但易激动、暴躁、气愤和缺乏耐心。弗雷德曼在经过长期的研究以后发现，A 型性格的人患冠心病的概率比正常人要高出 1.7~4.5 倍。除了患心血管疾病的风险以外，A 型性格的人患胃溃疡的风险是其他人的 2.4 倍。因此，对于 A 型性格的人来说，患心血管疾病的风险，特别是高血压、冠心病、房颤等疾病的风险较高。

A 型性格的提出

心脏病学专家弗雷德曼发现了一个有趣的现象，前来就诊的患者在候诊室所坐的地方，椅子后腿下的地面上，都有两个坑。原来，这些患者在候诊时，很多人有急躁的情绪，他们习惯把椅子的两条前腿翘起来，并不断地摇动椅子，直到护士叫到名字为止。长时间的摇晃，最终导致了椅子后腿地面的凹陷。

经过长达 20 年的观察研究，弗雷德曼提出了四个词来形容这类患者的性格：激动、恼火、发怒、急躁。由于这四个词都以英文字母 A 开头，因此这类性格就被称作"A 型性格"。

2. B 型性格

与 A 型性格相反的性格特质的人群，被称作 B 型性格，这类人往往遇事冷静，不易激动，也不因一些事情耿耿于怀，社交适应性也更好。相关研究发现，B 型性格的人往往也更长寿。美国加州大学医学院的一项研究显示，B 型性格的人与其他人相比，平均寿命要长 7.5 岁，而且较少发生器质性的病变和慢性疼痛。我国在对上海地区90岁以上老人做的性格调查也显示，在长寿老人中，B型性格的占比为83%。

3. C型性格

C型性格大体表现为逆来顺受、爱生闷气、敏感多思、过分耐心、过分合作等。科学家在经过研究后发现，C型性格的人患癌的风险概率更高，是其他性格人群的3倍。此外，C型性格的人还应该注意患糖尿病的风险，在一项追踪随访3年多涉及4 847人的研究中，在具有C型性格的人群中，有抑郁症状的人患糖尿病的概率比其他类型性格的群体高出了42%。

需要注意的是，尽管已有许多研究发现，性格类型与不同疾病之间具有紧密联系，但这并不意味着具有"A型性格"或"C型性格"特征的人就一定会罹患冠心病或癌症等疾病。

第二节 误入"雷区"——人格发展缺陷

案例导入

成绩优异的小梦到学校心理咨询中心来咨询,她原本期望在大学期间能够专心学习,通过专升本考试进入心仪的学校。然而,她的一位舍友经常晚上在宿舍直播,熄灯后也不下播,开着补光灯,声音还很大,导致小梦晚上难以入睡,白天精神状态欠佳,学习效果大打折扣。小梦对此深感苦恼,曾考虑与舍友沟通,但担心影响宿舍内的和谐氛围,所以一直隐忍。她尝试通过佩戴耳机、戴耳塞、戴眼罩等方式强迫自己入眠,然而效果并不理想。

通过心理咨询,小梦逐渐意识到,当自己的权益受到影响时,应当适度向对方表达自己的需求,并提出合理的建议。回到宿舍后,小梦适时地与舍友进行了坦诚交流(图4-4),舍友得知自己的行为给小梦造成困扰后也表示很抱歉,并主动调整了直播时间和方式。小梦的睡眠困扰问题得以解决。

图4-4 小梦与舍友进行坦诚交流

我们可能都遇到过类似的困境,由于对需要的认识和理解存在偏差,而不能根据自身需要进行恰当表达。发展健康人格,就要对包含需要在内的性格、气质等人格的重要组成部分有正确的认识。

一、认识偏差不利于健全人格的发展

（一）关于气质的三问

1. 气质是由后天培养形成的吗

气质受先天因素影响较大，但也受后天环境和个人努力的影响。环境变化和个人的成长经历同样会对一个人的气质产生影响。

2. 气质有好坏之分吗

在日常生活中，人们有时会错误地将某些气质类型视为"负面"或"正面"，如认为多血质是积极的，抑郁质则是消极的。事实上，每种气质类型都有其独特的优点和缺点，不应一概而论。

3. 气质能决定一个人的成就大小吗

气质并不能决定一个人未来的成就大小，因为成就还受到许多其他因素的影响，如教育、环境、个人努力、个人能力、机遇，等等。任何气质类型的人都有可能在各自的领域取得成功。

（二）关于性格的三思

1. 性格能简单地以类型来区分吗

目前很多性格测试都没有科学依据。很多学者也表示，人的性格不能用简单的分类来概括，它会受环境、文化、行为等各种因素影响，呈现出因人而异、因时而异的特点。

2. 性格是一成不变的吗

人的性格并不是一成不变的，而是会随着时间变化的，甚至会变得面目全非。对于同一个人来说，年龄、社会角色、个人经历的变化，都有可能引起性格的变化。

性格是会改变的

在20世纪50年代的一项调查研究中,研究者对1 208名苏格兰的14岁少年进行了问卷测试。教师使用六个问卷项目评定他们的人格特点。评定项目包括自信、坚韧性、情绪稳定性、尽责性、独特性和学习的欲望。63年之后,研究机构找到了其中的635个人,用同样的问卷让他们再做一次测试。答案却与63年前大相径庭。该研究结果表明,一个人的性格会发生改变,就像身体外观的变化,如我们会长高,外貌会发生改变,身体内细胞也会不断更新。

3. 性格是由过往经历塑造的吗

我们通常会认为,自己当下的性格是由过往经历塑造的。比如,经常被捉弄的学生可能会变得敏感、自闭;不受父母重视的孩子可能会更争强好胜、想要证明自己等。但同时,随着年龄和阅历的增长,我们发现自己都能与过往经历和解。客观来说,这些经历都没有变,变的只是我们对过往经历的看法,而我们对经历的看法影响了性格。

(三)关于需要的三解

1. 追求享受不是合理需要

我们都有享受生活的权利,但一味追求享受,例如,只穿名牌服装,用高端生活用品等,必须拥有足够的经济支撑。我们如果过于追求物质享受,但总不能得到满足,就有可能做出诈骗、偷盗等行为。

2. 极端利己不是合理需要

日常生活中,我们会发现有些人为人处世以自我为中心,不关心他人,不顾他人利益,甚至损人利己;对集体缺乏热心,对关心集体、有集体荣誉感的同学冷嘲热讽。缺乏对他人的关怀和理解,容易导致人际关系紧张甚至破裂,增加自身的孤独感。

3. 过度娱乐不是合理需要

我们也许会认为，进入大学后该好好放松放松了。但是，一些自控能力较弱的大学生，对短视频、电子游戏等娱乐活动过度沉迷，不仅浪费了本应该用于学习的时光，更是养成了回避困难、情趣低级的品性，对我们正常的学习和人际交往都造成了不良影响。

二、人格缺陷不利于健康心理的培养

（一）孤僻

孤僻（图4-5）这个词描述的是个体性情孤独，难以与人建立友好关系，经常处于离群索居的状态。孤僻者的主要表现有两种：一种是想与人交往却不敢行动，缺乏良好的人际沟通的能力，这种情况多与自卑有关；

图4-5 孤僻

另一种是不愿或拒绝与外界接触，对他人怀有厌烦或鄙视的心理。

孤僻的人往往不善于与他人沟通交流，而长期缺乏社交容易引发孤独感、自卑感、抑郁等心理问题。孤独感会使人感到无助、无望，影响情绪状态和身心健康；自卑感会让人觉得自己不如别人，影响自尊心和自信心的建立；抑郁症状可能使人丧失对生活的兴趣，严重的甚至还会引发心理危机。

（二）害羞

生活中，我们大都有过害羞的体验，如不敢在大众场合发表意见，害怕与陌生人打交道等。害羞者总是害怕自己在人前说错话或做错事，担心被人讥笑；特别在意自己在别人心目中的形象，于是总处于敏感、拘束的状态，进而在社交过程中感到尴尬或无所适从。

一般而言，害羞之心人皆有之，但过分的害羞会对我们的社交生活、婚恋和职业发展产生负面影响，甚至会导致压抑、孤独、焦虑等不良心态，让我们更容易出现抑郁和其他心理健康问题。

（三）悲观

悲观者面对负性刺激时，习惯用个人的、弥散性的方式进行解释，如"这都是我的错""总是这个（糟糕的）样子"等，认为失败都是自己的过错，不良影响会持续很久；面临重任、挑战时，便自认无能为力而甘愿失败，对前途失去信心，心灰意冷。

悲观情绪可能导致神经递质失衡，如 5- 羟色胺、去甲肾上腺素等减少，进而引发持续的情绪低落。因此，悲观者更容易受到焦虑、抑郁等心理健康问题的困扰。

（四）嫉妒

每个人都会有嫉妒心理，只是程度不同而已。轻度的嫉妒可以激发人的斗志，产生想赶超别人的想法并付诸行动。但嫉妒心过强就容易感到挫败、不满或嫉恨，产生企图破坏别人优越状态的念头，希望对方不如意或产生诸如"凭什么他有，我就没有"之类的想法。

嫉妒可能促使个体采取不道德或不合法的行为，如诽谤、造谣等，以满足自己的心理需求。嫉妒也容易导致我们对他人和自己的认知产生偏差，过度关注他人的优点和成功，而忽视自己的能力和价值。

（五）猜疑

猜疑者在思维上常常进行毫无事实根据和缺乏合理逻辑的判断推理，捕风捉影、牵强附会，甚至是无中生有，容易把他人的举动都与自己联系起来。由于总是抱着怀疑的态度与人交往，猜疑者的注意力和焦点往往集中在所有可能对自己不利的因素上，经常表现出高度的敏感和不安。

猜疑心理展现出消极的自我暗示、多疑等心理特点。持有猜疑心理的人会形成一些消极的人格特质，如焦虑、易怒、偏执等。猜疑还可能引发人际关系中的冲突，导致个体与他人交往时形成消极、敌对的交往模式。

第三节 补齐个性拼图——健全人格的培养

案例导入

悦悦自幼性格内向，羞涩腼腆。在高中阶段，随着学业压力逐渐增大，悦悦对老师或同学也越来越回避，因此结交的朋友也较少。进入大学后，尽管系内举办了各种丰富多彩的活动，悦悦却常因缺乏勇气而未能参加自己心仪的活动与社团，她对此深感困扰，渴望做出改变，却总因缺乏自信而难以迈出主动交流的第一步。

在一次英语课上，老师点名要求悦悦朗读课文。起初，她的声音十分微弱，然而老师却给予她积极的肯定，鼓励她放大声音。在老师的鼓励下，悦悦鼓起勇气，十分流畅地完成了朗读。尽管过程中她心跳加速、声音略带颤抖，但内心却为自己的勇敢和突破感到欣喜不已。

自那次课堂经历后，悦悦逐渐做出积极的改变。她不仅能自信地大声回答问题，还开始主动与老师、同学们打招呼，积极结交新朋友。此外，她还逐渐参与到各类社团活动中，性格也日益开朗活泼（图4-6）。

图4-6 性格日益开朗的悦悦

人格具有一定的可塑性，这是人类心理灵活性和适应性的体现。我们需要在全面考虑各种影响因素的基础上，根据自身的实际情况和需求来适度调整和发展自己的人格特质，以求在这个充满变化与挑战的世界中保持自我、实现成长。

一、掌握健全人格的方法

(一) 学会正视和悦纳自己

古语云:"人贵有自知之明。"正确、充分地认识自己是培养和塑造健康人格、提升心理健康水平的前提。心理学研究表明,对自己的认识和评价与本人实际情况越贴合的人,表现自我防御的行为就越少,社会适应能力就越强。

(二) 建立良好人际关系、融入集体

塑造健康的人格,需要建立良好的人际关系,良好人际关系的形成可从以下几方面入手:尊重他人的社会习惯、关心他人的需要、真诚地赞美、不做无建设性的批评、多与他人沟通等。集体是人格塑造的土壤,个体通过在集体中与他人交往,能够更加客观、充分地认识自己,发现并学习他人的优点,纠正自己的不足。

(三) 汲取知识、充实心灵

知识对于健全人格的形成和发展具有至关重要的作用。拥有丰富的知识容易让人更加自信、坚强、礼貌、谦和。知识的积累有助于我们打破思维定式,以更加开放和包容的心态看待周围的一切。具备一定的心理知识和人文素养,就等于拥有了打开心理健康之门的钥匙,储备适当的心理知识不仅能够增强我们的自我认知、拓宽格局视野、培养批判性思维、提升道德素养,还能够增强我们的适应性与韧性。因此,我们应该重视知识积累的过程,不断提升自己的知识水平,为健全人格的形成和发展奠定坚实的基础。

(四) 培养良好习惯、加强自我管理

《荀子》云:"积行成习,积习成性,积性成命",意思是行为决定习惯,习惯决定性格,性格决定命运。换言之,我们的行为会逐渐形成习惯,而习惯又会进一步塑造我们的性格,最终性格将决定我们的命运走向。因此要塑造良好的性格,就要从培养良好的习惯做起。

> 小锦囊

培养良好习惯的9种方法

习惯是行为自动化的体现,是情境刺激与相应动作在个体大脑皮层上形成的暂时的神经联系。学会培养好习惯(图4-7),有利于我们塑造健全的人格。

图4-7 培养良好习惯的9种方法

二、纠正人格的认识偏差

（一）正确认识气质类型特点

1. 热情似火，但要牢记三思而行

胆汁质的人应保持自己有抱负、自信、热情、主动的长处，用自己坦诚、表里如一的特质去结交朋友，成为一个受欢迎的人。但要注意克服粗心大意、简单化的缺点，在日常生活中可有意地"三思而后行"。

2. 机智灵活，但要保持情绪稳定

多血质的人可充分发挥机智活泼、善于适应环境的特长，在集体生活中出谋划策，以自己蓬勃的朝气、生动的语言、丰富的表情为整个活动增色。但要注意保持情绪的稳定，不要养成反复无常的习惯。要改正做事情只求速度、不求甚解、不重质量的缺点。

3. 踏实稳重，但要避免墨守成规

黏液质的人学习作风踏实，工作起来有条不紊，情绪稳定，善于自我控制，这些都是要发扬的积极面。但稳定并非死板固执、墨守成规。在人际交往中除了保持冷静之外，若能增添一些热情，相信会更受人欢迎。平时多参加一些群体活动，在群体活动中增添一些活力，生活会有更多精彩。

4. 情感细腻，但要学会释放情绪

抑郁质的人能体会到一般人不易察觉之处，感情细腻、深沉，应保持"细致"的特色，从而认真地完成工作或学习任务。对生活中的不愉快，不必耿耿于怀，因为挫折是无法避免的，应多与人交往，学会科学地宣泄情绪，这样生活会变得更加轻松愉悦。

（二）澄清关于性格的误解

1. 正确理解性格的多样性

我们应该认识到，没有一种性格是绝对的"好"或"坏"，每种性格都有其优势和局限性。同时，要避免对性格的刻板印象，不要将某种性格特征与特定的行为或表现方式简单地联系起来（图4-8）。

对内向者的误解：认为内向者不知道如何放松和享乐、不善于表达自己、不善于与人交往等

事实上，内向者只是更喜欢安静的环境和独自思考，他们同样能够享受社交，只是需要更多的时间和空间来恢复精力

对外向者的误解：认为外向者总是充满活力、喜欢热闹、不会感到孤独等

然而，外向者也有疲惫和需要独处的时候，他们同样需要时间和空间来反思和休整

图4-8　纠正常见的性格刻板印象

2. 正确理解性格的稳定性与可塑性

人的性格会随着年龄、经历和环境的变化而有所调整。而通过自我反思、学习和实践，人们可以在一定程度上改变和塑造自己的性格。例如，内向者可以通过参加社交活动来提升自己的社交能力。

3. 建立正确的性格观念

尊重每个人的独特性格和个性差异，不要试图将他人塑造成自己心目中的"理想型"；理解并包容不同性格的人及其行为方式，避免因为性格差异而产生偏见和歧视。

（三）合理满足自身需要

1. 正确区分需要和愿望

许多人的痛苦不是因为他们的需要没有被满足，而是因为他们不切实际的愿望没有实现。所以，如果你现在正陷于某种苦恼而无法自拔，那么请先问问自己：让自己苦恼的到底是需要还是愿望？如果是愿望，可以调整自己的观念；如果是需要，可以寻找建设性的解决方法。

2. 通过集体活动满足合理需要

积极参加劳动实践、科技创新活动、学生社团活动等集体活动，通过集体活动，学会尊重他人需求，满足自身探索、创造等个人价值体现的合理需要。

 小贴士

理性参加学生社团

高校内学生社团种类繁多，我们在选择社团时，一定要先向有经验的高年级学生和辅导员了解清楚，而后再根据自身兴趣爱好、时间安排及需要参加。切不可盲目从众，参加过多的社团组织，使之占用过多时间和精力，这样不但影响学业，还容易使自己身心俱疲。

三、修复自己的人格缺陷

（一）克服孤僻，摆脱孤独

（1）合理看待孤僻。我们可以通过询问他人或自我反思，探索自己在人际交往中孤僻的表现及给自己、给他人带来的影响，客观认识和评价孤僻的危害。

（2）辩证看待自己。我们要恰如其分地看到自己的长处，也要如实地看到自己的短处，切不可因自己的不足而自轻自贱，也不可因自己的长处而自命不凡。

（3）学习交往技巧。我们可以通过向他人请教或阅读有关人际交往的书籍，学习交往技巧。同时，积极参加正当、积极的交往活动，在活动中获得友谊的同时愉悦身心，逐步培养开朗的性格。

（二）克服害羞，勇敢表达

（1）放下思想包袱。事实上，每个人都存在害羞心理，只是有些人更擅长自我调节。一个人偶尔说错话或办错事并无须过分担忧或感到尴尬，关键在于能够正视错误并进行及时纠正。

（2）学习必要的社交技巧，并多加练习。例如，照着镜子练习与人交谈，通过"夸大"自己的表情，了解自己在表现各种情绪状态时的样子，探索有效表达自己的方式。

（3）做好"冒一点儿险"的准备。在别人来找自己说话之前，鼓起勇气先去找别人交谈，突破自己的"舒适区"。我们要有意识地锻炼自己的胆量和能力。

（三）克服悲观，保持乐观

（1）保持乐观心态。认知上要了解积极态度产生的力量，坚信希望和乐观能帮助自己走向成功，不放弃获得微小胜利的机会，以幽默的态度来对待和接受现实中的失败。

（2）寻找积极因素。学会在逆境中寻找积极因素，从失败中找寻自己的优势和潜能，及时肯定自己。

（3）建立支持系统。多与家人、朋友或专业人士交流，与乐观的人多接触，观察他们的行为，学习他们待人做事的方式和态度。

（四）克服嫉妒，培养豁达

（1）培养豁达的人生态度。坦然地承认自己的嫉妒，正视自己的问题，把嫉妒之心化作自己前进的动力。要懂得"天外有天，人外有人""强中自有强中手"。

（2）学会承担责任。全面认识自己的优势和劣势，客观地衡量自己的能力，学会承担责任，而不是将责任一味地推卸给他人或外部环境。

（3）客观公正地评价他人。了解他人的优势和劣势，深入剖析对方超越自己的原因，同时充分认识到对方的付出和努力，积极地向对方学习，不断提升自身的素质和能力。

（五）克服猜疑，保持理性

（1）保持理性思考。在面对问题或疑虑时，保持冷静和理性，不要轻易被情绪左右。学会分析问题的实际情况，避免过度解读或夸大事实。同时要尝试从多个角度看待问题，以获取更全面的信息。

（2）加强沟通。在与他人交往时，尽量直接、明确地表达自己的想法和感受，避免使用含糊不清或可能引起误解的语言。当有疑虑时，要及时与对方沟通，避免猜测和误解。

（3）培养信任感。加入社交团体或参与校园活动时，要注重信任感的培养和维护，遵守承诺和约定，彰显可靠性和诚信。在团队中积极为团队做出贡献，增强团队凝聚力。

> 小练习

克服悲观心理、发展乐观心态

参照"积极心理学之父"塞利格曼的研究成果,选择"三件好事"(图4-9)作为"克服悲观心理、发展乐观心态"这一练习的方式。

(1)每天晚上回想当天发生的三件令自己开心的事情,如帮生病的舍友买饭,从图书馆借到心仪已久的书等。

(2)将三件好事简要记录下来,并分析它们产生的原因。

(3)看着它们,体验内心的感受,并把感受写下来。

(4)为避免忘记,可以通过定闹钟的方式提醒自己,如定晚上十点至十点半的闹钟来完成以上三个行动,每次完成后给自己点赞。

图4-9 每天记录三件好事

(5)按前3点中提到的三个行动进行六个月,并分别在第1个月后、第3个月后、第6个月后的三个时间点,查看之前记录的内容并体验感受,检视自己的身心有没有发生变化。

资源推荐

一、阅读推荐

《健康人格心理学：有效促进心理健康的9种模式（第二版）》

作者：杨眉

本书语言流畅，讲解生动，集科学性与趣味性于一体，具有较强的创新性和实用性，对于广大青年朋友们塑造健康的人格心理具有很强的指导意义。

《突破天际：哈佛大学最受欢迎的人格心理学课》

作者：布赖恩·利特尔　译者：黄珏苹

本书通过对人格与情境、健康、控制感、环境、创造力等方面关系的论述，阐释了人格与幸福、成功的关系，为追寻幸福与成功提供了明确的指引。

二、影视推荐

《士兵突击》

作品类型：电视剧

该片讲述了一个有着性格缺点的普通农村孩子，秉持着"不抛弃、不放弃"的信念，在种种困境和磨难中百炼成钢，最终成为一名出色侦察兵的军旅故事。

《阿甘正传》

作品类型：电影

该片讲述了智商只有75的阿甘如何凭借纯真善良的品质和坚持不懈的精神，从童年备受欺凌的经历中闯出一条成功人生道路的非凡传奇故事。

第二阶段 成长期

恭喜你！成功晋级！接下来我们将面临一场更严峻的挑战。在这里，我们将深入修炼情绪管理之道，不断磨炼属于我们自己的角色技能。我们将不断寻找学习的隐藏任务、解锁新技能，挑战自己的极限。我们也会尽情体验友情和爱情，与队友彼此信任，并肩作战，携手共进，完成每一个关卡任务，共同创造属于我们的辉煌战绩！

第五部分

拨云见日,培养积极情绪

怒不过夺,喜不过予。

——荀子

牢骚太盛防肠断,风物长宜放眼量。

——毛泽东

第一节　心灵的晴雨表——情绪概述

案例导入

这是一名高职大一新生的求助信：

"老师，您好！我写这封信是想和您谈谈我存在的一些问题。近期，我感到压力巨大，做任何事情都无法专注，没有精神，情绪也时常起伏不定。尤其临近考试，看到同学埋头苦读，我却无法静下心来学习，十分痛苦，甚至对他们产生了些许嫉妒和痛恨。每当情绪低落时，我总想通过暴饮暴食寻求安慰（图5-1），直到胃部近乎疼痛。只有这样，情绪才能缓解，获得短暂的满足。

"我总是把精力放在与学习无关的事情上，饮食不规律，生活一团糟。做什么都没有信心，感觉对不起那些对我抱有期望的人，包括我的父母、同学、老师，还有我自己。我很难控制自己的情绪，时常感到苦恼和无助，不知该如何改变现在的状态。"

图 5-1　暴饮暴食

我们常常因为各种压力导致情绪不稳定，了解情绪、掌握管理情绪的方法并调节情绪，对于我们每个人而言都至关重要。

一、情绪是一种复杂的心理现象

在成长的过程中,我们经历过许多记忆深刻的事件,有成功、有失败、有获得、有失去,当时的感受依然记忆犹新,我们或是喜笑颜开,或是苦涩难过,又或是捶胸顿足,整个人都沉浸其中,对我们的学习生活产生了重要的影响。虽然情绪是复杂多样的(图5-2),但主要情绪有快乐、愤怒、悲哀、恐惧四种。其中快乐是最基本、最原始的情绪。

情绪包含主观体验、外部表现和生理唤醒三个部分,是个体受到某种刺激产生的一种身心激动的状态。

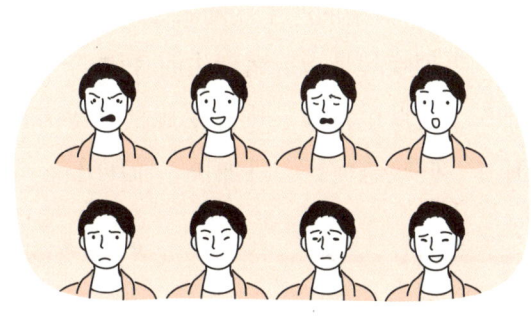

图 5-2　不同的情绪

(一)内部和外部的刺激引发情绪的产生

外部的刺激包括自然环境,如温暖的阳光、绿色的草地;也包括社会生活中的各种事件,如职业技能大赛、求职等。内部的刺激分为生理性刺激和心理性刺激两种类型,生理性刺激包括饥饿或者腺体分泌失常导致的疾病等;心理性刺激包括想象、回忆等心理活动,如回忆往事可能产生悲伤的情绪。

(二)情绪的主观体验与认知有关

情绪的主观体验因人而异,不同的人对不同情绪状态的自我感受不一样,这与每个人的认知有关。以考试挂科为例,我们会焦虑,甚至将这次失败视为自身能力的不足,担心这会影响到未来的发展和个人价值的实现,从而陷入消极的情绪中无法自拔;也许我们能够相对平静地面对这一结果,将挂科看作一次小挫折,而非决定性的失败。由此看来,不同的认知会引发不同的情绪状态。

（三）情绪会表现在表情、语调和行动中

情绪会反映到我们的表情、语调和行动中，是情绪的外在表现。例如，我们在高兴时会嘴角上扬，面带微笑，语调轻快上扬，手舞足蹈；痛苦时会眉头紧锁，面目狰狞，语速缓慢、语调低沉，脚步沉重，动作迟缓。

（四）情绪的产生伴随着生理唤醒

生理唤醒是指情绪产生时伴随的一系列生理反应，主要表现在呼吸、心率、血压、皮肤电反应、内分泌腺活动等方面。例如，当我们愤怒时，常常会面红耳赤、呼吸急促、心跳加快、血压升高。

> **小视窗**
>
> **测谎仪**
>
> 人在说谎时，会不由自主地产生一定的心理压力，这些压力又会引起诸如心跳加快、血压升高、手掌出汗等主观意志无法控制的生理反应。测谎仪（图5-3）就是利用人的这一特点，测量血压、呼吸频率、出汗量变化并记录下来，测谎专家可根据测量数据判断被测对象是否说谎。
>
>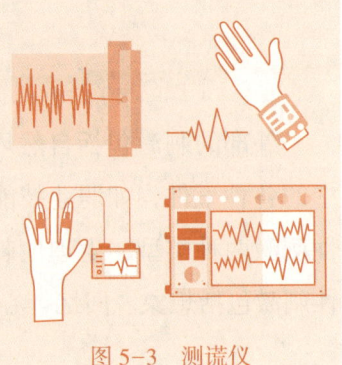
>
> 图5-3 测谎仪

二、情绪有心境、激情和应激三种状态

在生活中，我们会感到情绪有时转瞬即逝，有时持续很久，有时强烈，有时微弱。情绪有三种状态，即心境、激情和应激，这三种状态是依据情绪持续时间的长短及强度的深浅而界定的。

（一）心境是一种具有弥散性的微弱且持久的情绪状态

当处于某种心境时，周围的事物仿佛被染上了同样的色彩。例如，当心情舒畅时，我们会感到朝气蓬勃，走在路上会觉得天高气爽，遇到同学会笑脸相迎，即常说的"人逢喜事精神爽"。

（二）激情是一种爆发强烈且持续时间短暂的情绪状态

激情具有爆发性和冲动性，同时会伴随明显的生理变化和行为改变。这种情绪状态通常是由对我们具有重大意义的事件引起的，如成功后的欣喜若狂、亲人突然亡故的悲痛欲绝、生气状态下的暴跳如雷等。处于激情状态时，我们的理智分析能力会受到限制，自我控制能力减弱，"激情犯罪"就是在一时冲动之下产生的。

（三）应激是一种在意外和危急情况下引起的情绪状态

应激状态使我们在心理上高度的警觉和紧张，并产生血压升高、呼吸频率加快、肌肉紧张等生理变化，从而增加身体的应变能力，促使我们做出平时难以做到的事情。例如，在火灾、地震、飞行员执行任务时遭遇恶劣天气等情况下会出现应激状态。但长时间处于应激状态会导致身心疾病和心理障碍。

三、情绪在人际交往、个体行为及心理活动中的作用

（一）情绪具有传递信息和沟通思想的作用

情绪是人际交往过程中必不可少的"润滑剂"。人际交往并不仅限于语言的交流，情绪的流露同样能够传递个人的意愿和思想，情绪传递的媒介是我们日常生活中的表情。心理学家通过分析人们的交流发现，55%的信息都是通过非语言传递的，38%的信息是通过言语表情[①]传递的，只有7%的信息是通过言语传递的。

[①] 言语表情具体表现在说话的声调、节奏、速度以及转折等方面。一般而言，言语表情具有很强的感染力。

（二）情绪对个体行为具有激励作用

情绪是动机系统的基本成分，是动机的源泉之一。情绪会促使一些行为的产生。例如购物时，发现购买了过期食品，会引发愤怒与失望之情，这些情绪促使我们做出退货、寻求赔偿的行为。情绪还会对行为效率产生影响，适度的兴奋能够激发个体的最佳活动状态，进而推动任务的高效完成。

（三）情绪对心理活动起到组织作用

情绪是心理活动的关键调控者，发挥着至关重要的监测作用。情绪会影响注意力的分配，影响我们对自己和他人的认知，影响人的记忆力、判断力和创造力。有研究者在医院通过测试不同情绪状态下医生的创造性，发现处于温和愉快情绪之中的医生的创造力更好。这说明愉快的情绪可以促进思维的灵活性，提高工作效率。

小视窗

耶克斯-多德森压力曲线

心理学家耶克斯与多德森研究发现，压力与学习效率之间呈倒 U 形的曲线关系（图 5-4）。当压力水平与所进行的活动相适应时，就能达到最佳表现；当压力过大或过小时，学习效率就会下降。

学习表现随压力的变化分为三个阶段。

（1）无聊区域，学习效率随学习压力的增强而提高。

（2）高绩效区域，当压力水

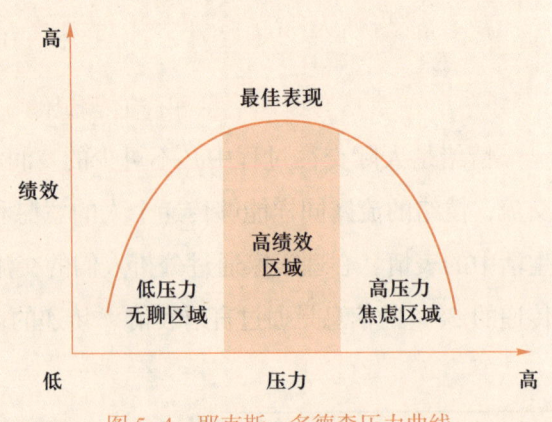

图 5-4 耶克斯-多德森压力曲线

平达到适当强度时，学习效率最高。

（3）焦虑区域，学习压力过大，学习效率随压力的增强而降低。

四、情绪对身心健康的影响深远

一种美好的心情比十服良药更能解除生理上的疲惫和心理上的压力。"笑一笑，十年少""情急百病生，情舒百病除"，我们也常看到朋友圈分享的文章《胃是情绪器官，你的身体比想象的爱你》等，都阐释了情绪与我们身心健康的重要关系（图5-5）。

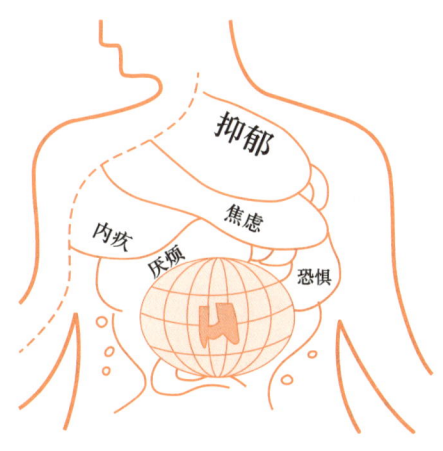

图5-5　情绪对身体的影响

（一）情绪影响生理功能的变化

根据情绪的生理特性，当我们的情绪状态发生变化时，身体内部会经历一系列微妙的调整。当情绪处于积极状态时，身体内部各个器官的功能相协调；当情绪处于消极状态时，身体内部各器官会发生功能紊乱，会引起消化系统、循环系统、内分泌系统的功能失调，甚至引起严重的疾病，如"杯弓蛇影"的故事就告诉我们恐惧心理会导致身体疾病。

（二）情绪显著改变我们的心理状态

情绪在心理活动中扮演着至关重要的角色，当我们感到愉悦和兴奋时，思维会更加敏捷，创造力也会得到提升。这种积极情绪有助于我们更好地应对挑战，解决问题，并激发创新的灵感，会更倾向于做出正确的决策。相反，当我们处于消极状态时，如焦虑、沮丧或愤怒，我们的思维会变得迟缓，注意力难以集中，记忆力下降，甚至做出不理智的选择。如果我们不能及时调节消极情绪，最终会产生严重的心理疾病，如抑郁症、焦虑症等。

第二节　当心情亮起"红灯"——常见的情绪困扰

📽 **案例导入**

小明和小山同为足球社的成员，平日里常常相约一起踢球（图5-6），关系十分融洽。周三中午下课后，由于小明的课程安排得较为紧凑，下课时间相对较晚，他便请小山帮忙带午饭，小山欣然答应了他的请求。然而，课后小山吃完饭后，却忘记给小明带午饭了。小明对此感到十分不悦，两人在随后的交流中发生了口角。愤怒之下，小明冲动地将草坪上的石块投向了小山，不幸的是，石块击中了小山的额头，顿时鲜血直流。两人因此受到了不同程度的校纪处分。

图5-6　踢足球

随着生活节奏日益加快，我们时常会面临情绪的困扰。为了有效应对各种情绪，我们需要深入了解情绪的特点，以便能够平和地接纳自己的情绪。

一、大学生情绪体验独特而复杂

（一）情绪丰富且复杂

进入大学，我们的身心已日趋成熟，与社会的接触日益密切，对新鲜事物充满好奇，对知识充满渴望，对友谊和爱情充满期待，对优秀者表现出钦佩、羡慕之情，为学习和生活中取得的成就而快乐，为挫折和失败感到苦恼郁闷，等等。总之，我们在生活中会体验到丰富且复杂的情绪。

（二）情绪不稳定，存在两极性

大学期间，我们控制情绪的能力逐渐增强，但是面对内心需求和外界环境的强烈刺激时，情绪仍然会产生剧烈波动，表现出两极性。如成功带来的喜悦往往会持续一段时间，表现出心境化，感觉事事如意；但遭遇失败和挫折时，情绪会迅速转换，产生抑郁难过之情。

（三）情绪的外显和内隐并存

通常情况下，我们情绪引起的内在感受和外在表现是一致的，如获得称赞后，高兴之情溢于言表。但内心也存在一定隐蔽性，内心感受和外部表现并不完全吻合，尤其表现在对异性的态度上，明明喜欢对方，却表现得不关心和漠视，将情感隐藏起来。

（四）情绪的理智和冲动并存

随着年龄的增长、知识的不断积累和社会经验的日益丰富，大学生的情绪波动逐渐减少，表现出更为理智的特质。然而，当需求或权益受到侵害时，我们往往难以控制自己的情绪，产生冲动行为。

二、常见的情绪困扰和调适技巧

（一）过分担忧引发焦虑情绪

焦虑是一种本能情绪，是每一个人都会产生的紧张情绪，是我们对当前事件无法预料时产生的一种高度忧虑的状态。焦虑会对身心健康产生较大的影响，大学时期可能存在学业、社交、就业等多方面焦虑情绪。

焦虑产生时会伴随着心跳加速、出汗量增加、肌肉紧张、坐立不安的情况，导致无法专心学习。长时间处于焦虑状态，会导致血压升高、头晕头痛、手脚麻木、眩晕，甚至引起颈肩痛、胃痉挛、腹泻等疾病。

焦虑的产生是由于对未发生事件的担忧，但这种担忧并非毫无依据，因为在这个过程中，过去的焦虑记忆会被唤起。如我们在公开发言前很焦虑，很大程度上与小时候在众人面前窘迫说不出话的经历有关。

一些大学生往往会采用拖延、逃避等消极的方式来应对焦虑情绪，反而会导致更为严重的后果。应对焦虑情绪需要在接纳情绪的基础上，将注意力放在可采取的行动上，循序渐进地解决问题，焦虑也会随之缓解。

 小测验

你想了解自己是否焦虑吗？请扫描下方二维码进行测试。

焦虑自评量表[1]

（二）无力应对外界压力引发抑郁情绪

抑郁情绪是由于我们感到无力应对外界压力而产生的消极情绪，是正常的

---

[1] 王征宇，迟玉芬. 焦虑自评量表（SAS）[J]. 上海精神医学，1984（02）：73-74.

情绪变化。抑郁情绪的特点是情绪低落、郁郁寡欢、忧心忡忡，对任何事情都提不起兴趣，自我评价低，伴随着痛苦、羞愧、自责的情绪体验，心理学家塞利格曼称之为"情绪的感冒"。如果不及时有效地调节抑郁情绪，一直处于情绪低落的状态，持续时间超过两周，容易引发抑郁障碍。生活中引发大学生产生抑郁情绪的情形有很多，如比赛失利、感情破裂、人际关系不良等。

当出现抑郁情绪时，我们通常会劝说自己"想开一点就好了"，然而这对缓解抑郁情绪作用甚微。我们要么担心自己患上抑郁症而感到恐慌，要么出现无法调节抑郁情绪的情况，感到羞耻和自责，不敢求助。这些情况往往导致抑郁情绪的蔓延，进而引发抑郁障碍。

所以一旦出现抑郁情绪，要有意识去调适。缓解抑郁情绪，可以从为自己制定明确详细的目标、增强掌控感，或者进行情绪宣泄等方面入手。

（三）社会需求未满足导致嫉妒情绪

嫉妒是由于社会尊重的需要没有被满足而产生的消极情绪，在大学生群体中常见于"别人有，我没有"的情况中（图5-7）。如看到他人的才华、相貌、品行、荣誉甚至衣着超过自己时，感到恼怒、痛苦、愤愤不平。当比较对象遭遇不幸时，则幸灾乐祸，言语上讥笑，行为上远离。

图5-7 嫉妒情绪

嫉妒会导致我们将目光放在比较对象身上，忽略自己所拥有的"财富"。调节嫉妒情绪，需要在肯定情绪的基础上，将嫉妒情绪转变为动力促使目标达成，或者重新审视自身当前的情况和水平，持续努力，找到适合自己的赛道。

（四）愿望受阻引发愤怒情绪

愤怒是我们的主观愿望与客观现实相违背，或者愿望实现受阻时产生的激烈的情绪反应。处于愤怒状态时，人体会出现心跳加快、心律失常、肌肉紧张等生理变化，同时还会出现自制力减弱、思维受阻、意识狭窄等情况，甚至做出冲动行为，造成不可挽回的损失。

我们正处于身心迅速发展、情感丰富强烈、情绪波动较大的时期，常常表现为精力充沛、血气方刚、自尊敏感，因而更易受到外界刺激的影响而产生愤怒情绪。

不仅如此，由于对愤怒情绪存在错误认知，认为发怒会威慑他人，提升自己的威信，这也会导致愤怒情绪产生。

除此之外，不良的家庭环境、个性修养等方面的缺陷及先天的气质类型也是导致大学生易怒的重要原因，如胆汁质的人更冲动易怒。

调节愤怒情绪，需要我们在承认、不逃避愤怒情绪的基础上找到引发愤怒情绪的原因，站在未来或者他人的角度给予自己建议，找到更好地表达情绪的方法。

第三节 别让情绪"绑架"你——情绪的自我管理

案例导入

小宇是广告艺术设计专业的学生，荣获全国工业设计职业技能大赛第三名，顺利进入第46届世界技能大赛工业设计技术项目中国集训队，荣获"最美职校生标兵"称号。

在这之前，为了创作出更好的作品，小宇勇于跳出舒适圈，时常因为训练而废寝忘食。然而，进行一段时间的集训后，现实给他当头一棒，困难接连不断。一次与学长的竞赛，测试的成绩让小宇备受打击，发现和学长相差甚远。长期努力却收效甚微，挫败感强烈袭来，小宇的内心十分焦虑和难过。然而他并未沉溺在消极情绪之中，而是主动向老师和学长咨询解决方法，调整自己的情绪。在不断努力下，他理清思路，奋起直追，最终脱颖而出（图5-8）。

图5-8 调整情绪

掌握情绪管理的方法对于我们来说至关重要，这不仅关乎学业成就，更涉及未来发展。

一、觉察和接纳情绪

（一）了解情绪的表现及其反应

只有敏锐地洞察自己当下的真实感受，我们才能冷静地驾驭情绪，实现真正的情绪管理。只有当我们清晰地了解当下的情绪体验，才有可能掌控情绪，对自己负责，避免情绪过度影响我们的行为方式。

情绪仪表盘

情绪仪表盘（图5-9）是一种识别情绪的工具，以"愉快"和"能量"将情绪划分为四个象限，每个区域代表一组具有相似能量和愉悦水平的情绪。我们可以利用情绪仪表盘识别出最接近的情绪，描述目前的状态。

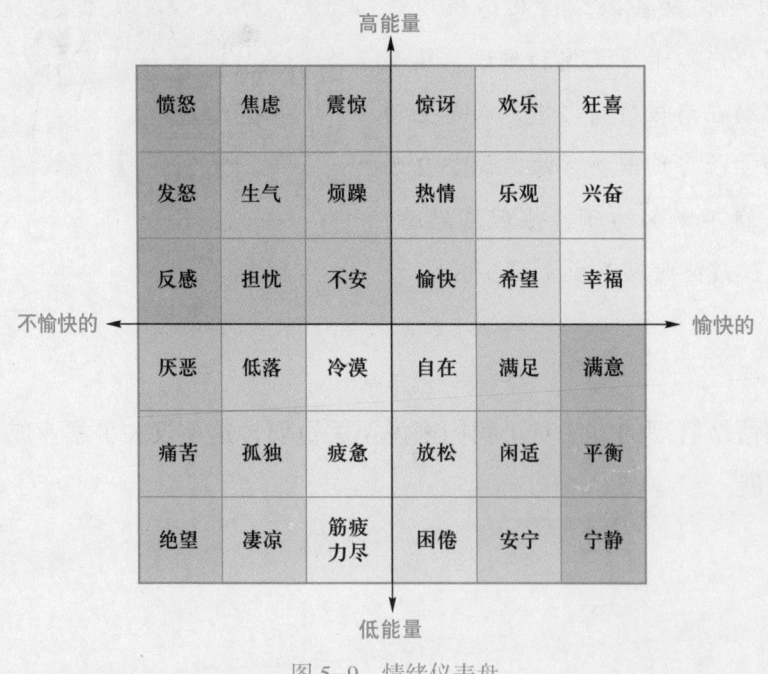

图5-9 情绪仪表盘

（二）分析情绪产生的原因

当觉察到当前的情绪状态时，我们应当深入剖析这些情绪产生的原因。它们是源自同伴或者父母的期待，还是成长过程中的困惑？进一步探究，找出引发情绪的原因是事件的本身还是不合理信念。只有明确了情绪的成因，我们才能准确地判断自己的反应是否合理，进而对症下药。

不合理的信念主要有以下3种：① 糟糕至极。这是一种把事情的可能后果想象、推论到非常可怕、非常糟糕，甚至是灾难性结果的非理性信念，如"考试挂科了，我就完了"。② 过分概括化。这是一种以偏概全的不合理的思维方式，如因为自己某一方面能力欠缺，就全盘否定自身价值；一次偶然的失败就认为自己总会失败。③ 绝对化理念。这是指以自己的意愿为出发点，认为某一事情必定会发生或不会发生的不合理信念，通常与"必须""应该"这类字眼连在一起，如"我必须获得成功""别人必须非常恭敬地对待我"。

（三）顺应情绪的节律周期

在日常生活中，我们时常会毫无缘由地感到情绪低落，对任何事情都提不起兴趣，实际上这与情绪的节律周期有关。研究表明人的情绪以28天为一个波动周期。

当情绪高涨时，我们的工作效率会随之提升；情绪低落时，工作效率会下降。所以在日常生活中我们要有意识地顺应情绪的节律，当情绪低落时，我们不必勉强自己投身于学习或工作之中，而是选择参与一些轻松愉快的活动。

（四）接纳自己的情绪

在生活中，我们需要时常觉察自己当下的情绪，分析情绪产生的原因。在此过程中，我们应保持一种旁观者的心态，既不加以评判，也不轻易否定，这其实是一种自我接纳的状态。

在成长过程中，我们逐渐学会了抑制某些负性情绪，如愤怒和悲伤。被抑制的情绪最终会积累为巨大的压力，对我们的身心健康造成伤害。虽然我们的自我接纳能力是有限的，但通过有意识地练习，如冥想练习，可以逐渐增强我们的自我接纳能力。

二、恰当地表达情绪

表达情绪是以觉察并准确识别自身的情绪状态为前提的，除此之外还需要做到以下几点。

（一）减少无效的情绪表达

情绪表达不能使用模糊的语言，模糊的语言难以表达出准确的情绪。我们在表达情绪时，应减少使用"少啰唆""很烦"等模糊语言。

（二）选择讨论感受的时机

在极端情绪状态下，我们需要暂停情绪表达，避免说出日后后悔的话语。在讨论感受时要注意选择合适的时机，尽量选择在双方能够专注、没有压力的状态下进行讨论。

（三）恰当地表达自己的情绪

表达情绪的目的在于让他人了解我们正处于某种情绪当中，期待别人的理解或体谅。表达情绪的原则是对事不对人、就事论事、实事求是，采用对方可以接受的方式进行表达。

1. 真诚表达正面情绪

正面情绪包括喜欢、欣赏、称赞等。在我们的日常生活中往往难以轻松流露，有时甚至会被误解为"奉承"。其实，当我们真诚夸赞他人时，对方能够接受。如表达欣赏："你的观点具有独到之处，我很认同。"表达感谢："谢谢你的帮助，你让我觉得有你很温暖"。

2. 合理表达负面情绪

负面情绪包括愤怒、生气、失望等。我们表达负面情绪时，常常出现两个方面的问题：要么担心人际关系因负面情绪受到影响，采用克制和掩饰的方式表达自己的情绪；要么采用无效的方式宣泄情绪，如使用模糊语言宣泄情绪。这两种方式均不可取。

在表达负面情绪时，我们需谨记两个关键前提：既要确保自己的不满情绪不是小题大做，也有意识选择用恰当的语句表达情绪，如"你这样做让我很不舒服""我不喜欢你用这样的态度和我说话"等。

（四）善用表情助力情绪表达

每一种情绪的产生都有其外在表现，我们要善于使用表情来表达情绪，如与他人交流时，不停地点头、微笑表示在关注和认可对方的谈话内容。

三、有效地管理情绪

弗洛伊德曾巧妙地以"水库"为喻，描绘人类处理情绪的动态过程。他提出，人体内部仿佛存在一座"情绪水库"，当负面情绪持续涌现时，会引起水位上升，升至警戒线时，我们会变得易怒和暴躁。若不能有效纾解负面情绪，"情绪水库"终将决堤，进而引发一系列心理问题。这就启示我们及时释放负面情绪，善于调节自己的情绪，实时感知自己的"情绪水库"。为有效管理情绪，我们需要掌握以下方法。

（一）合理宣泄负面情绪

一些大学生往往选择忽视或压抑的方式处理负面情绪，然而压抑情绪只会使情绪困扰加重，甚至会对身心健康造成危害。合理地宣泄情绪才能最大限度地释放负面情绪，从而缓解紧张和焦虑。

> 小锦囊

情绪宣泄的方法

在充满压力和挑战的现代生活中,我们需要掌握情绪宣泄的方法(图5-10),及时释放负面情绪,以保持内心的平衡和健康。只有保持平和的情绪状态,我们才能更好地迎接生活中的困难和挑战。

图5-10 情绪宣泄的方法

（二）转移注意力有助于平复情绪

注意转移法是一种有效的心理调节方法，其核心在于将我们的注意力从引发负面情绪的刺激情境中巧妙地转移到其他事物上。当出现负面情绪时，切勿无所作为，应该迅速将注意力转移到自己感兴趣或者愉快的情境之中，这样有助于平复情绪。

（三）通过自我暗示调节情绪

心理暗示是一种通过改变我们的思维模式，进而调节情绪的方法。积极的自我暗示不仅能够帮助我们保持愉悦的情绪状态，更能够增强我们的自信心。例如，遇到挫折或失败时，我们可以告诉自己"一次的失败不算什么，你依然很优秀"。

（四）通过自我安慰维持情绪稳定

当遭遇不幸或挫折时，我们可以选择一种能够满足内心需要的理由安慰自己，冲淡内心的痛苦和难过，我们所熟知的"酸葡萄心理"与"甜柠檬心理"[1]便是运用了这样的策略。例如，我们日常生活中提到的"塞翁失马，焉知非福""胜败乃兵家常事"等都是通过自我安慰方式以维持情绪的稳定。

（五）通过放松训练缓解负面情绪

在充满压力和挑战的现代生活中，我们会产生紧张、焦虑、害怕、愤怒的情绪，扰乱我们正常的理性思维，做出不恰当的反应。放松训练是通过身体的主动放松来调控情绪的方法。放松能够缓解肌肉紧张、降低呼吸频率和心率，使得负面情绪得到缓解。

（六）调整认知改善负面情绪

情绪的 ABC 理论认为，外部引发事件本身不会引发情绪反应，我们对这些

---

[1] "酸葡萄心理"是指得不到时贬低其价值以自我安慰；"甜柠檬心理"是指拥有时夸大其价值以自我满足。

事件形成的看法和评价才是决定情绪产生的关键因素。因此，在日常生活中，我们可以尝试通过调整不合理的信念以达到有效管理和调节情绪的目的。

心理沙盘体验

心理健康月期间，为了引导同学们关注自身的心理健康，学会正确地处理情绪和压力，山东理工职业学院与心之舟心理协会开展了以"以心相会，晴心启程"为主题的团体沙盘体验活动（图5-11）。

图5-11　心理沙盘体验

沙箱里装满沙子，同学们使用沙子和沙具，在沙箱中构建一个反映生活的"小世界"。在作品完成之后，同学们介绍作品并表达自己真实的感受，在这个过程中会觉察到烦恼产生的原因，心理压力也随之缓解，烦恼也会迎刃而解。

小练习

腹式呼吸练习

第一步，找到一个舒适的姿势，闭上双眼，慢慢地吸气，感受腹部就像一个气球随着进气量的增加而鼓起，放在腹部的手被抬高，直到最大进气量。这个吸气过程约3~4秒，保持1~2秒。

第二步，慢慢呼气，感受腹内的气体随着呼吸道缓慢排出体外，腹部像是正在泄气的气球，放在腹部的手随着气体量的减少而下降。这个呼气的过程约3~4秒。

第三步，重复上述步骤5次，以达到放松、缓解压力的目的（图5-12）。

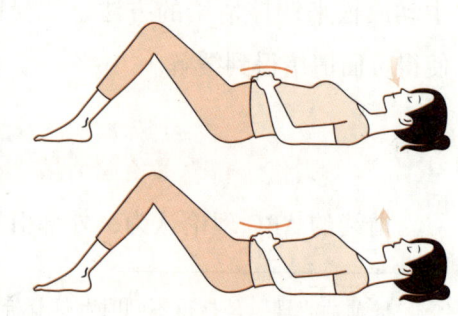

图5-12　腹式呼吸练习

资源推荐

一、阅读推荐

《感谢自己的不完美》

作者：武志红

本书指出，当我们一味地追求所谓的正能量时，其实就割裂了和所谓的负能量的联结，这种割裂是重大的损失。我们要打开悲伤、愤怒、恐惧、内疚、嫉妒和羞耻等感受的通道，让生命力在我们身上流动。

《象与骑象人：幸福的假设》

作者：乔纳森·海特　译者：李静瑶

本书作者将情绪比作大象，把理智比喻为骑象人。情绪的力量强大到我们难以觉察，所有试图打败情绪的实验都已失败。唯有用理智引导情绪，才能发挥情绪的真正力量。

二、影视推荐

《我们如何对抗抑郁》

作品类型：纪录片

该片关注青少年、孕产妇、老人等抑郁症防治重点人群，记录医学、科学实践，讲述了个人、家庭、社会一起对抗抑郁的故事。

《头脑特工队》

作品类型：电影

该片讲述了小女孩莱莉因为爸爸的工作变动而搬到旧金山，她的生活被五种情绪掌控，呈现了情绪的缤纷世界。

第六部分

学海泛舟，驶向知识彼岸

知之者不如好之者，好之者不如乐之者。

——孔子

学习要有三心，一信心，二决心，三恒心。

——陈景润

第一节 学如弓弩，才如箭镞——大学的学习

案例导入

晓静是某职业技术学院物联网应用技术专业的学生，学习成绩名列前茅，荣获省中华职业教育创新创业大赛三等奖，主持"大创计划"省级科研项目一项、实用新型专利一项，获得省国际"互联网+"大学生创新创业大赛铜奖。从大一入学开始，晓静就为自己定下了努力学习理论知识，刻苦钻研专业技能的目标。在学习方面，她非常注重效率，讲求方法，每年的成绩都名列前茅。除了认真准备专升本的考试外，她还考取了英语四级、物联网安装调试员等证书。回顾过去，她对每一个因初心付出努力、风雨兼程的时刻心怀感激，并决心攀登更高峰（图6-1）。

图6-1 获取知识，勇攀高峰

或许有同学认为，在当前的就业市场上，职业学校的毕业生似乎不具备显著优势。还有同学认为，一旦进入大学，学习成绩就不具有绝对性作用。事实上，社会需要的是具备良好专业技能、创新思维、沟通能力的复合型人才，职业学校毕业生往往在实践技能和职业素养上具有独特优势。此外，大学学习成绩虽不起绝对性作用，但仍是评估学生能力的重要方面之一。

一、优质的学习活动是心理健康的助推器

当我们深入地沉浸在学习中时，总有些非同寻常的瞬间让人难以忘怀。你是否还记得，当冥思苦想终于解出一道难题时，那种从心底涌出的成就感，让你觉得自己仿佛攀登了一座高峰，每一步的努力都得到了回报。那种满足感，那种自我超越的喜悦，是学习赠给我们的独特礼物。你是否体验过，经过无数次的尝试，终于掌握了一项新技能的兴奋时刻，那种从笨拙到熟练的转变，让你感到无比的自豪。这种通过学习和努力获得的自我实现，比任何物质奖励都更加珍贵。

学习是我们不断锤炼品格、提升修养、拓宽视野的途径。每个人都蕴藏着与生俱来的潜能，这些潜能如同深埋的宝藏，静待我们去挖掘。而全身心地投入学习，则是激发并展现这些潜能的最佳方式。

学习有助于我们构建正确的认知方式。在求知的道路上，我们会接触到形形色色的观点和纷繁复杂的信息，正是通过不断的对比、深入的分析以及独立的思考，我们才得以逐步建立起属于自己的认知框架，同时防范被误导的风险。这种稳固且正确的认知方式将伴随我们走过漫长的人生旅程，让我们在面对各种挑战与问题时能够从容不迫，充满自信地应对。

二、学习是超越课堂的探索之旅

每个大学生都经历了长达十几年的学习之路，但是我们真的知道什么是"学习"吗？学习就是听课、做作业和考试吗？这仅仅是狭义上的"学习"。广义上的"学习"，不是仅限于在书本、课堂和学校的学习，而是个体在一定的情境下，通过经验或练习，不断掌握知识和技能的过程。学习是超越课堂的探索之旅，关键在于行为的变化。就像我们学会开车、使用手机时，我们的行为模式就已经发生了转变。学习的能力不是与生俱来的，而是经过后天不断实践与练习获得的，它所带来的变化是相对持久的。就像我们学会了摄影，即使长时间不使用相机，但以往的学习经验仍能够让我们拍照时很快地找回状态。这时

的学习已经不是一时的记忆,而是深入到我们的思维和习惯中,成为自身的一部分。

学习不仅是一种获取知识的方式,更是一种生活态度和探索精神。它让我们保持对世界的好奇心,不断地挑战自我、超越自我。在这个充满变化和挑战的时代里,只有不断地学习、探索和创新,我们才能跟上时代的步伐,实现自我价值和社会价值的最大化。

 小视窗

心理学上的学习分类

(1)按学习的性质与形式分类。奥苏贝尔根据两个维度对认知领域的学习进行分类。一个维度是学习进行的方式,分为接受学习和发现学习;另一个维度是学习材料与学习者原有知识的关系,分为机械学习和有意义学习。

(2)按学习的内容分类。教育心理学家冯忠良把学习分为知识的学习、技能的学习和行为规范的学习。知识的学习包括知识的领会、巩固和应用三个环节;技能的学习又分为心智技能和操作技能;行为规范的学习也称为社会规范的学习与接受。

三、学习是人类发展的核心动力与适应社会的关键

羚羊出生几个小时之后,能吃能跑能跳;而婴儿出生之后什么都不会。成年之后,羚羊依然只会吃、跑、跳,而人类却有了更多的本领,是什么导致这种差异呢?是学习,它让人类具有了巨大的可塑性。

18世纪以前,知识更新速度一般为80~90年翻一番;19世纪60年代,知识更新速度为50年左右翻一番;20世纪90年代以来,知识更新加速到3—5年翻一番。近50年来人类社会所创造的知识比过去3 000年的总和还要多。一年不学习,你所拥有的知识就会折旧80%,这就是知识的折旧定律。社会日新月

异，科技飞速发展，新事物层出不穷，AI绘画、无人机航拍、VR和AR……不学习就会落伍，甚至寸步难行。而学习可以获取竞争优势，增加选择机会。通过学习促进人的全面发展以适应社会的需要，是我们维持生存和发展所必需的条件。

四、大学是学习的新阶段

（一）更加主动地学习

在高中时期，我们学习每门课程都有老师悉心指导，每当学习遇到困难，我们也能得到老师及时的个性化辅导。然而，进入大学后，学习模式发生了显著变化，为了取得理想的成绩，我们必须学会主动规划自己的学习进度。大学的学习需要我们具备更强的自主学习能力和自我管理能力。

（二）更加广泛地学习

大学充满挑战和机会。我们可以利用充裕且自主的时间参与丰富多彩的活动，如参加知识讲座、挑战专业竞赛等。我们还可以学习和掌握一项新的技能，如熟练使用办公软件、锻炼演讲的能力、学习沟通技巧等。俗话说得好，"技多不压身"。在大学期间，多学习一项新本领，无疑会为未来的就业之路增添更多的选择。

（三）更加专业地学习

专业课程的学习，能让我们掌握特定领域内的系统知识和核心技能。大学的学习，需要我们深入钻研专业课程，并且关注相关领域的动态，广泛拓展非课堂领域的知识面，增加知识储备。这不仅有利于我们考取职业技能证书，更能够为日后步入社会、在职场中快速适应，实现长远发展奠定坚实基础。

> **小测验**
>
> 学习技能是我们在生活中不断获取新知识、掌握新技能的能力。想了解你的学习技能水平吗？可以扫描下方的二维码进行测试。
>
>
>
> 学习技能测验[①]

五、学会学习受益终身

学会学习，比学习本身更重要。学习不仅是我们获取知识、技能的途径，更是一种能够塑造我们的心智、提升我们智慧的能力。学习，这一看似简单的词汇，却蕴含了丰富的层次与内涵（图6-2）。学会学习，是一种终身受益的能力。擅长学习的人，能够在面对困难与挑战时保持冷静和坚定自信，能够更好地适应社会发展的需求。

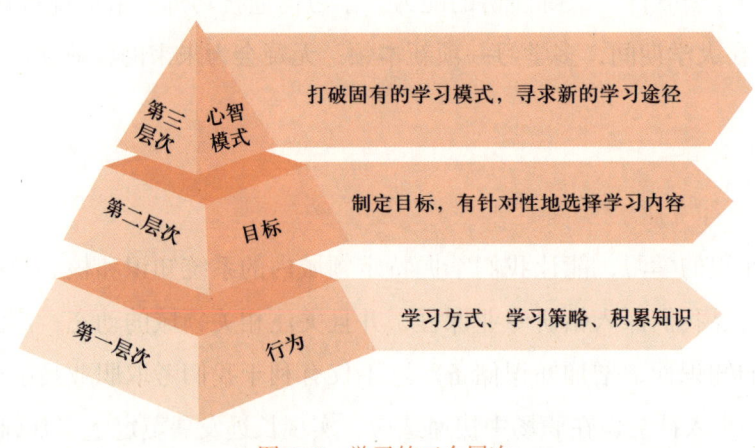

图6-2 学习的三个层次

---

① 资料来源：秦一民. 大学生职业生涯规划指导［M］. 成都：西南交通大学出版社，2011.

心理学实验：巴甫洛夫的狗

巴甫洛夫的经典条件反射实验为心理学和行为学在学习、记忆和动机等方面提供了重要的理论基础。图6-3展示了经典条件反射实验的过程。

图6-3 巴甫洛夫的经典条件反射实验过程

其中，无条件刺激（过程1和2）和条件刺激（过程3）在时间和空间上是紧密结合的，从而使受试者产生条件反射（过程4）。不断地练习是为了形成条件反射，"一万小时天才理论"的核心思想亦是如此。在学习的实践中，我们可以通过不断联想与重复刺激，形成条件反射。比如，在面对复杂的数学公式时，我们可以运用各种联想建立条件刺激，在需要时通过条件反射机制，快速地从记忆库中调取相关信息。

第二节　想说"爱你"不容易——常见的学习困惑

案例导入

小欣是一名电子商务专业的大一新生。开学几个月过去了,她对大学生活仍有些不适应,她逐渐发现大学的学习与之前想象的有所不同。喜欢玩电脑游戏的她原本以为电子商务就是与电脑有关,但现在她意识到这个专业的课程内容非常丰富,不仅包含理论知识,还涉及实践操作。面对这样一个全新的领域,零基础的小欣感到迷茫和无助(图6-4)。每当谈及学习,她的情绪都会变得低落。

图6-4　小欣的烦恼

大学是一个充满挑战和机遇的阶段,我们要学习的内容从深度和广度上都有大幅增加,需要消耗大量的生理和心理能量,这可能会给我们带来一些心理上的压力。因此,我们有必要对学习心理进行更多的了解。

一、学习动机不足导致回避学习任务

"不想学""学不会""不会学",这些在我们之间流传的"吐槽"虽看似是玩笑话,但却映射出了我们在大学阶段面临的真实困境。为何在步入大学殿堂后,我们会突然感到学习动力的缺失,甚至对为何学习产生了迷茫。这背后与学习动机的强弱密切相关。学习动机,这个心理学上的概念,是指促使我们产生学习行为、维持学习热情,并满足我们学习需求的心理驱动力。它就像是我们学习道路上的"引擎",推动我们不断前进。当这个"引擎"出现故障,即学习动机不足时,我们的学习行为便会受到影响,甚至可能停滞不前。

学习动机不足的具体表现多种多样。例如,我们可能会选择逃避学习,对课堂和书本产生抵触情绪;我们在课堂上可能会无精打采,很少参与课堂活动;我们还可能会对自己的学习成绩毫无期待,抱着一种"得过且过"的心态。

为什么会出现这样的情况呢?其中一个重要的原因是大学环境的改变。与高中时期相比,大学的学习压力大幅降低,老师和家长的监督也相对减少。这种"自由"的环境使我们感到无所适从,没有了持续学习的紧迫感和目标感。此外,随着互联网技术的普及,手机、电脑等电子产品成为我们日常生活中不可或缺的一部分。这些设备为我们提供了便捷的信息获取方式和娱乐方式,但也容易让我们沉迷于网络游戏、社交聊天、消费购物等活动。这些活动虽然能带来一时的乐趣和满足,但长此以往会消磨我们在学习方面的兴趣和动力。

费曼学习法

费曼学习法是由著名物理学家、诺贝尔奖得主理查德·费曼提出的,其核心就是"通过用简短的语言,向别人清楚地解说一件事,来检验自己是否真的弄懂了这件事"。简而言之,就是以教促学,以输出倒逼输入。通过教别人学习，两周后学习留存率高达 90%（图 6-5），而简单的阅读留存只能达到 10%。

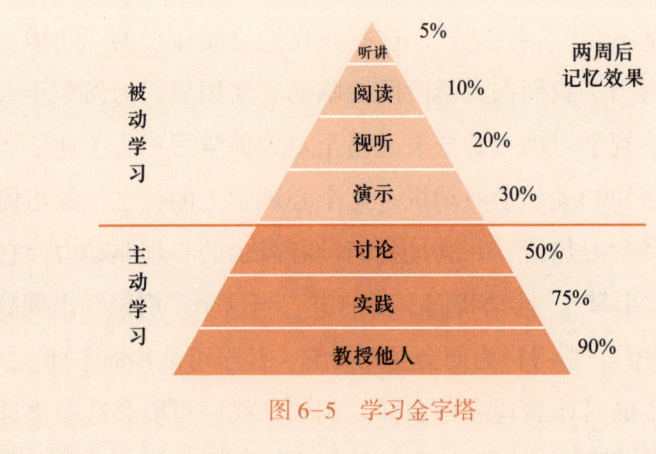

图 6-5　学习金字塔

二、学习策略不当导致学习效率低下

学习策略是指在学习过程中有目的、有意识地制定和实施的学习方案，是影响学习效率和效果的重要因素。当成绩总是不理想的时候，就要考虑是不是学习策略出现了以下问题。

（一）学习没有计划

一方面，刚进入大学，我们或许还未设定清晰、系统的学习规划，但如果长此以往，会导致学习过程缺乏条理性和明确的目标；另一方面，即便我们制定了相关计划，也可能因为自律性不足、时间管理不善或受到其他外部因素的干扰，导致这些计划未得到有效实施。

（二）学习不得要领

在学习过程中，如果我们缺乏明确的目标指引以及行之有效的学习方法，往往容易陷入迷茫，难以精准把握课程的核心要点。此种情况下，我们的学习效果往往不尽如人意，难以获得预期的学习成果。

（三）学习不求甚解

学习是一个不断积累、不断深化的过程，仅满足于课本或课程学习显然是远远不够的。为了更为全面地掌握并深化理解知识，我们需要通过课外阅读、实践学习等多种途径进行知识的储备与技能的提升。

（四）考前临时抱佛脚

"临阵磨枪"的学习方式虽然可以在短期内达到一定的效果，但长期来看，它无法帮助我们真正掌握知识和技能，更无法培养我们的学习能力和思考能力。

三、学习倦怠导致学习受阻

学习倦怠严重影响我们的学习效果，主要表现为学习兴趣丧失，对学习持消极态度；学习时难以集中注意力，常常走神；学习难以保持长久的热情等。

导致学习倦怠的原因有很多，例如，缺乏足够的意志力去面对学习中的困难和挑战；害怕在学习上吃苦，希望在学习过程中找到捷径，不愿付出过多的努力和汗水；缺乏足够的自控力，无法有效地控制自己的行为和注意力，无法专注于学习本身，导致在与学习无关的活动上浪费了大量时间。

四、考试焦虑导致学习分心

每到考试季，大多数同学都会感到紧张、焦虑。这种状态会影响我们考试正常发挥，甚至影响我们的生活。

不同的人面临相同的考试会出现不同的症状，例如，有的人在身体上表现为局部僵硬；有的人在情绪上表现为易怒、烦躁；有的人内心会产生空虚和压力感。

考试焦虑的原因可以总结为三个方面：① 对成绩的高期待，担心成绩不好影响前途，担心考不好时父母或同学对自己负面的评价。② 负面经历的累积，怀疑自己的学习能力，夸大考试难度。③ 平时没有按时复习，考试准备不充分。

考试焦虑的调适方式：① 改变我们对考试的不合理认知。考试成绩不能全面反映一个人的学习能力和知识水平，更不能决定一个人的前途和命运。② 调整抱负水平。恰当地评估自己的能力，设定合适的期望值。③ 认真学习和复习。④ 劳逸结合，科学用脑，讲究方法。

玩转多巴胺，科学用脑，快乐学习

多巴胺是人体大脑产生的有机化合物。分泌适量的多巴胺能够给人带来幸福感。正确利用多巴胺，有助于科学用脑，快乐学习。多巴胺学习法：① 在设定学习目标后，经常预设和想象目标的实现，给自己积极的心理暗示。② 在努力的过程中反复确认目标。通过贴纸条、设置手机屏保、写备忘录的方式将目标可视化，经常提醒自己。③ 快乐地行动，享受向着目标前进的过程，用心体会自己不断进步带来的愉快感。

第三节 点燃学习之火——学习动力的激发

案例导入

丽佳是某高等专科学校能源与动力工程学院新能源专业的学生。她荣获国家奖学金1次、国家励志奖学金1次、学校一等奖学金4次；还获得河南省三好学生、文明学生，校十佳青年、三好学生等荣誉称号。她深知学习是学生的第一要务，始终严格要求自己。她认真学习课程知识，记录每节课的笔记，定期对知识点进行整理，努力解决每一个难点。两学年综合测评成绩均为班级第一。她还主动探索自己感兴趣的课外领域，积极提升自己的综合实力。从大一起她就开始参加各种大赛，获得了全国高职院校"发明杯"大学生专利创新创业大赛二等奖。学习忙碌而又充实，丽佳对未来充满信心（图6-6）。

图6-6 快乐学习 点亮人生

青年强，则国家强。我们生逢其时，施展才干的舞台无比广阔，实现梦想的前景无比光明。在充满机遇和无限可能的大学里，我们当明确学习目标并努力实现，让我们的生命之花绽放得更加绚丽多彩。

一、培养学习兴趣,提升学习动力

(一)珍惜时光,明确目标

大学阶段是我们获取专业知识的重要时期,通过系统地学习和实践,我们可以掌握过硬的专业本领,为顺利开启职业生涯奠定良好基础。大学时光是短暂的,我们要有紧迫感和责任感,珍惜学习机会,把时间用在学习、实践、思考和成长上,避免虚度光阴。

(二)主动学习,拓宽视野

兴趣是最好的老师,当我们对某个领域或课程产生浓厚兴趣时,就会自然而然地产生学习动力。主动学习的我们不再是知识的被动接受者,而是知识的探索者和创造者。我们会主动寻找学习资源,积极思考问题,与老师和同学进行深入讨论和交流。同时,主动学习也意味着我们要敢于走出舒适区,尝试新的领域,不断拓宽自己的视野。

(三)自我激励,获得成就

在设定了具体的学习目标,如掌握某个知识点或完成某一章节的学习时,我们的内心会自然地涌现出一股强烈的驱动力,驱使着我们朝着实现这些目标的方向不断迈进(图6-7)。当我们成功达到目标后,给自己一个小奖励,如看场电影、吃顿美食等,可以让我们的内心得到满足和愉悦。这种正向的反馈会增强我们的自信心,让我们更加相信自己的能力和价值。同时,这也会激发我们继续努力学习的欲望,因为我们知道通过不断学习和努力,可以获得更多的成就感和满足感。

图6-7 通过自我激励获得成就感

二、端正学习态度,提升学习行动力

学习态度决定人生高度。大学生活是我们新阶段奋斗的开始,许多人学习出现问题的症结不在于学习能力,而在于学习态度。钱锺书先生拥有非凡的智力,被誉为过目不忘的奇才,然而他本人对此不以为意。他读书学习的态度,一句话就可以总结:肯下功夫。他拿到一本书,先通读一遍两遍,读完还要做笔记。钱锺书做笔记的方式更是细致,有时他做笔记的时间是读书的一倍。你看,聪明的钱锺书,读书也要下苦功夫。

(一)学会量身打造时间管理表

既然要实现目标,就需要采取有效的行动。我们可以根据自己的学习、生活情况,合理地规划时间,为自己的每一段时间定好目标,然后尽力按计划实施,让自己做到有效学习。还可以运用四象限法则(图6-8)帮助我们确定事情的优先顺序,从而有效地管理时间。

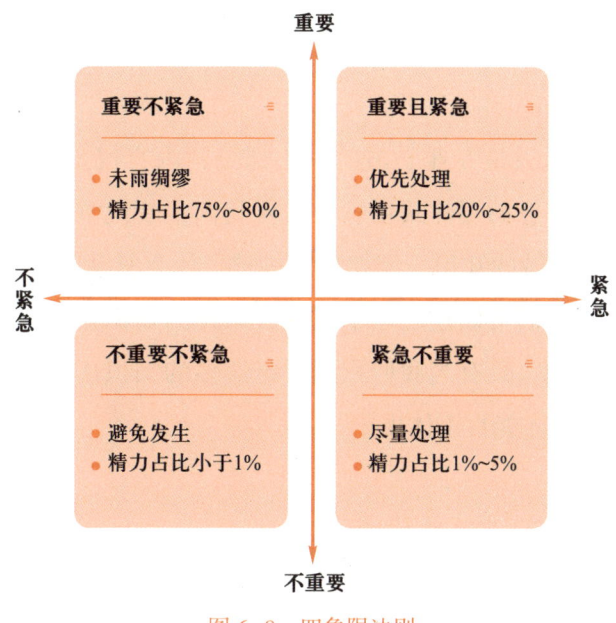

图6-8 四象限法则

（二）学会延迟满足

心理学中有一个著名的糖果实验：心理学家给孩子分发糖果，并规定：如果马上吃，只能吃一块；如果十分钟后吃，可以吃两块。结果一些孩子禁不住诱惑，马上就吃，有的孩子则能为了长远利益忍受短暂的痛苦。跟踪调查发现，那些懂得延迟满足的孩子长大后成就更高。学习中我们也需要培养延迟满足的品质，学会自我约束，制定长远的学习规划并付诸实践。

（三）学会借助外力

大学学习是一个培养自律、协作和沟通能力的过程。通过借助外力，我们可以更有效地提升学习行动力，克服学习中的困难和挑战，实现学习目标。例如，我们可以组建学习小组，一起讨论问题、分享资源、相互鼓励、互相监督。我们可以加入学习社区或社群，通过交流和分享，获取更多学习资源。我们还可以与老师保持密切联系，定期汇报学习进度和遇到的问题，以得到专业的帮助和支持。

三、珍惜机会，获取更多知识

（一）广泛涉猎知识，厚积薄发

大学的课程学习只是专业学习的一小部分，内容仅是入门级的基础知识。科技的迅速发展和信息的爆炸式增长，需要我们不断地学习。我们要尽可能多地接触和学习不同领域的知识，例如自然科学、社会科学、人文科学、艺术等。通过广泛地学习，我们可以建立一个广阔且系统的知识体系，为未来的工作和生活打下坚实的基础。只有当我们积累了足够多的知识，并能够在实际中灵活运用时，知识的价值才能真正体现。

（二）利用图书馆，获取学习资源

阅读书籍（图6-9）是最简单、最直接的扩大知识面的途径。图书馆不仅有专业方面的书籍，还有很多素养类的书籍。在图书馆认真看书，是最有效、最惬意的获取知识的方式。图书馆还有很多与专业相关的数字资源及各种免费的课程，学会使用图书馆的数字资源，学会挖掘这个大宝库，我们需要的在线课程、专业论文等都可以轻松获取。

图 6-9　广泛阅读书籍

（三）学会利用网络，充实课余时间

网络上有很多学习资源，我们可以从自己喜欢的网站、视频号、公众号等新媒体平台获取相关资源，利用好课余时间进行主动学习，提升自己的知识水平和专业能力。上课时遇到不懂的知识点可以及时记下来，课后可以通过网络平台答疑解惑。此外，各种学习 App 也是我们获取课外知识的重要途径。

（四）参与赛事活动，提高综合素质

在大学期间可以尝试参加一些比赛，例如，职业院校技能大赛、中国国际大学生创新大赛、全国大学生市场调查与分析大赛等。在这些大赛中优秀的同学很多，大家都在努力让自己变得更优秀。置身于这样的氛围中，我们会不自觉地产生紧迫感，并主动提高自己。

 **小锦囊**

高效学习法

在信息爆炸的时代，我们要采用科学的学习方法，以便更快捷地吸收知识、实现高效学习。好的学习方法（图6-10）能让我们提高学习效率，更好地应对学习挑战。

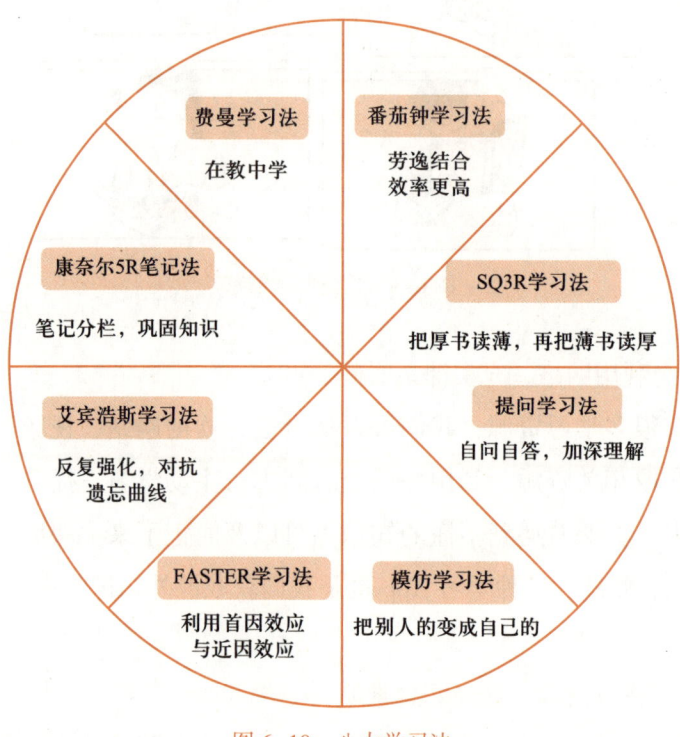

图6-10　八大学习法

> 小练习

利用日程表提升学习执行力

日程表的作用主要是通过预先的安排让每天的生活变得井然有序，填写日程表的过程也是一种自我承诺的过程。让我们填下这周的安排吧（表6-1）。

表6-1 周日程表

日期	工作内容	备注
星期一		
星期二		
星期三		
星期四		
星期五		
周末		

本周重点及特别说明：

资源推荐

一、阅读推荐

《认知觉醒：伴随一生的学习方法论》

作者：周岭

本书介绍了认知科学、心理学、行为学等方面的知识，有助于帮我们解决学习困扰，找到适合自己的学习方法，培养良好的学习习惯。

《刻意练习》

作者：艾利克森　译者：王正林

无论在哪个行业或领域，如果你想提升自己，那么刻意练习是黄金法则，也是迄今为止发现的一种强大的学习方法。

二、影视推荐

《西南联大》

作品类型：纪录片

该片讲述了西南联大自创办以来的故事。几位看似柔弱的读书人，用钢铁般的意志构筑了中华民族的脊梁。看完后会感到热血沸腾，读书，学习，不负此生！

《风雨哈佛路》

作品类型：电影

该片讲述了一个生活在贫民窟的女孩如何克服重重困难，最终考上哈佛大学的励志故事。

第七部分
你来我往，建立和谐人际

海内存知己，天涯若比邻。

——王勃

真诚的、十分理智的友谊是人生的无价之宝。

——[德]卡尔·马克思

第一节　独行快，众行远——人际交往概述

案例导入

小王作为初次踏入陌生国际校园的一名高职生，对周围的一切都感到兴奋和好奇，但他同时也产生了些许的孤单和不安。在军训期间，小王凭借自己活泼开朗的性格，努力融入这个新环境，很快就结识了几位志同道合的国内外友人（图7-1）。在学习上遇到不懂的问题时，大家会一起讨论切磋；生活中遇到困难时也常常互相帮助。朝夕相处的日子里，小王收获了深厚的友谊，这让他对大学生活充满了期待和信心。有一次，小王的好友李鑫生病住院。小王第一时间赶去医院探望并和好友们轮流照顾李鑫的生活起居。李鑫看着为他忙前忙后的挚友，深深感受到了友谊的力量。

图7-1　获得深厚友谊的小王

建立稳固而健康的人际关系在个体性格的养成、学习能力的提升以及日常生活的各个方面均发挥着至关重要的作用。积极主动地与他人交往，能够有效地帮助我们与身边人形成良好的关系。

一、人际交往为什么这么重要

（一）人际交往是大学生个性发展和完善的重要手段

人的个性除了受先天遗传因素的影响，更重要的是受后天环境的影响，所以生活环境对人，特别是对正在形成人生观、价值观的大学生具有更重要的意义。《礼记·学记》中提道："独学而无友，则孤陋而寡闻。"人际交往可以帮助我们提高对自己的认识，以及自己对他人的认识。在人际交往的过程中，我们可以从对方的言谈举止中认识对方。同时，也可以从对方对自己的反应和评价中认识自己。交往面越宽，交往越深，对对方的认识就越完整，对自己的认识也就越深刻。只有对他人的认识全面，对自己的认识深刻，才能得到他人的理解、关怀和帮助，才能实现自我完善。

（二）与他人的互动是情感需求得到满足的重要途径

人是生活在社会中的人，从婴儿时期的咿呀学语到步入大学之门，再到走向社会，我们都在不断地与他人交流、学习和成长。一旦脱离了与他人的交流与互动，我们的生活就会陷入危机。在人生的旅途中，我们会遇到各种挫折与困难，而家人、朋友、老师的支持与鼓励往往是支撑我们走出困境的动力。与此同时，我们也在关心与帮助他人的过程中，收获满满的幸福感与成就感。

人是社会性动物

亚里士多德曾说过："人是天生的社会性动物。"在社会生活中，人们几乎每天都要与他人互动。研究表明，一个人每天除了8小时的睡眠时间，其余16小时中有70%的时间都在进行人际交往。

（三）掌握人际交往技巧是取得成功的秘密武器

一个人的成功不仅取决于个人才能，更取决于与他人沟通和合作的能力。现代社会的发展要求人们具备较强的沟通和合作能力，即拥有一定的人际交往技巧能够帮助我们赢得他人的尊重和信任。无论是在学校的日常相处中，还是未来步入职业生涯，人际交往能力都至关重要。

二、良好人际关系的发展是一个循序渐进的过程

尽管人际关系复杂多变，但还是有规律可循的。把握这些规律，可以帮助我们提高预测、控制和改变人际关系的能力。一般而言，人际关系的发展变化过程可分为互不相识、开始注意、表面接触、建立友谊、亲密关系五个阶段（图7-2）。

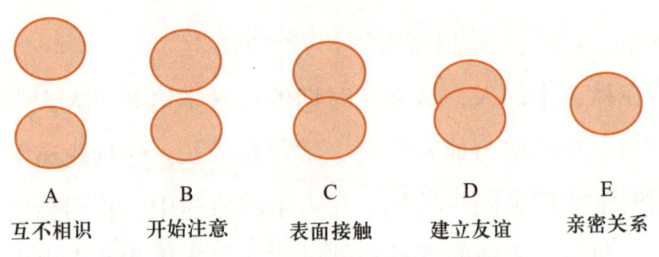

A 互不相识　B 开始注意　C 表面接触　D 建立友谊　E 亲密关系

图7-2　人际关系发展变化图

人际关系建立和发展的过程，实际上是一个情感卷入和交往由浅入深的过程。在这个过程中，交往双方可以采用自我暴露①的方式来增加相互间的接纳性和信任感。自我暴露水平越高，人际关系越密切。

---

① 向别人说心里话，坦率地表白自己，陈述自己，推销自己。

第二节 是"敌"还是友——大学生人际交往特点

案例导入

小林是一名高职学生，因为他聪明机灵，上课敢于发表自己的见解、提出疑问，所以时常会受到老师的表扬。可是，渐渐地，他变得自负，总是看不起别人（图7-3），例如，在课堂上回答问题时，遇到其他同学答不出来或答得吞吞吐吐的情况，他就很不耐烦，数落人家太笨，甚至不守纪律。因为他的综测成绩每学期都是班级第一名就经常看不起其他同学。尽管成绩优异，但据导师观察，小林同学总是独来独往。他的父母在外做生意，并且他还是个独生子，从小一直由奶奶照顾。老人极其宠爱他，平日多是夸奖和赞扬，使他觉得自己相当了不起。

图7-3 自负的小林

人际关系是生命中不可或缺的部分，是人与人之间由于交往而建立起来的一种心理关系，反映了个人或群体寻求心理满足的社会需要。在人类社会中，人际交往的重要性不言而喻，它与个人成长和心理健康等方面息息相关。

一、大学生在人际交往中拥有不同的互动方式

人际关系作为一种心理关系的体现，源于个体为满足特定需求而展开的交往活动。这种关系呈现出相对稳定的特点，能够直观反映人与人之间的心理距离。

人际关系的类型呈现多元化趋势（表7-1），不同类型的人际关系都有其独特的魅力和价值。对于我们而言，深入了解并认识存在于周围的各种人际关系类型，将有助于我们更有效地矫正在人际交往中产生的偏差，为自己构建一个更加和谐、有益的人际关系网络。

表7-1 人际关系的类型

类型	描述	示例
血缘型	指由血缘联系和姻亲联系所构成的人际关系	父母、兄弟姐妹
地缘型	指因地域相同而结成的关系	同乡会
业缘型	指以共同事业，共同志趣为纽带形成的关系	师生关系、同窗情
情缘型	指大学生为满足爱情需要，通过与异性交往建立的关系	恋爱关系
虚拟型	指以互联网为媒介的，具有跨时空性、便利性、匿名性和实时交互性的一种新型人际关系	网友关系

二、大学生的人际交往具有不同特点

（一）理想与现实的交织

当代大学生是在特殊的社会环境中成长起来的，面对的是前所未有的改革大潮和新科技的挑战。在这个特殊的时代里，科技竞争日益凸显，人与人之间的关系也日趋物质化、经济化。但是，我们对人际关系的追求又带有较多的理想主义色彩，同时也常常以理想的标准要求他人。因此，人际关系在理想和现

实之间便不可避免地存在着差距。我们渴望被理解,又对他人求全责备;渴望被尊重,又以自我为中心;既向往真诚,又不得不陷入虚伪和功利之中;渴望被关爱,却往往表现得自私、冷漠;崇尚正直,却时常妥协于无原则的和谐。这种矛盾反差存在于我们的人际交往过程中。

(二)简单而稳定的关系

大学校园是一个相对封闭和单纯的环境,我们主要的生活内容是学习、参加社团活动、体育活动等。在这样的环境中,人际关系的建立主要基于共同的兴趣爱好、学习目标等,竞争关系也相对简单。高职学生的年龄一般在18~22岁,社交范围主要包括同学、老师、家人和其他朋友,彼此间的交往较直接和真诚。这样的社交范围有助于建立相对简单的人际关系,降低复杂人际关系所带来的影响。

(三)情感丰富和情绪化

由于我们正处于青春期后期,大脑发育尚未完全成熟,尤其是大脑皮层的额叶区域会与情绪调节和冲动控制相关。因此,在面对人际关系时,通常比较敏感,容易感受到他人的情绪影响。这可能导致我们在人际交往中出现紧张、担忧等情绪。另外,由于大脑情绪调节能力的限制,在面对人际交往中的压力和挫折时,我们的情绪波动会比较大,这会使我们时而兴奋、时而沮丧,难以保持情绪稳定。

冷热水效应

一杯冷水,一杯温水(保持温度不变),一杯热水。先将手放在冷水中,再放到温水中,会感觉到温水热,但如果先将手放到热水中,再放到温水中，会感觉到温水凉。同样的温水会因不同的举动而产生不同的感觉，这种现象就是冷热水效应（图7-4）。在人际交往过程中，我们要善于利用冷热水效应。

图7-4 冷热水效应

三、解锁大学生人际交往的复杂心理

（一）讨好型人格：隐藏的自我与人际困境

深圳职业技术大学小蒋曾说，虽然考入了自己理想的大学，也一直是别人家的好孩子，但她很长时间都抹不去"讨好型人格"带来的困扰。其实，不仅是小蒋，很多人都有讨好型人格，这种人格会让人们无法完全接纳真实的自己，也不敢轻易展现真实的自己。那么什么是讨好型人格呢？它是指人们常常为了取悦别人而不顾自己的感受；经常在工作和生活中表现出极大的努力和付出，不断地称赞和称颂他人，试图赢得他人的好感。遗憾的是，具有讨好型人格的人付出了诸多努力，却往往未能获得应有的回报。

讨好型人格容易让我们陷入一个难以摆脱的恶性循环。在讨好他人的过程中，我们会逐渐忽略自己的需求和感受，导致内心的疲惫和空虚。即使我们在某种程度上获得了他人的认可和肯定，这种满足感也是短暂的，因为我们始终在迎合他人的期望，而没有真正关注自己的成长和幸福。

（二）边界感模糊：人际交往界限不清晰

什么是社会交往中的"边界感"？边界感指的是一个人要对自己的言行举止负责，而不应该让自己的行为和语言过分影响到他人。例如，与他人相处时，总是将自己的想法强加于人，未经允许便擅自为他人做决定，这样的行为就属于缺乏边界感。在人际交往中，明确边界感往往比想象中更加困难。与陌生人或关系一般的人相处时，我们通常会自然地保持一定距离，而与熟人相处时，我们更容易放松警惕，表现出更真实的自己。这可能会导致边界感的模糊，甚至出现一些越界的行为。当边界感模糊时，我们的个人空间和隐私会受到他人的侵犯。这会使我们感到不被尊重，进而产生焦虑和压力。因此，在人际交往中要做到明确边界感。

（三）社交焦虑：惧怕与人交往

在人际交往过程中，部分人一旦发现别人注意自己，就表现得不自然，出现脸红，且不敢抬头、与人对视，甚至觉得无地自容，因此不愿意社交，不敢在公共场合上演讲，集会时也不敢坐在前面。这就是社交焦虑感的体现（图7-5）。普林斯顿大学焦虑治疗中心的一份报告指出，如果青少年在社交场合从来不考虑别人的感受，从来未有过焦虑和担心，就无法真正拥有长大成人的心智，容易变成一个迟钝而不敏感的人，这不是一件好事。心理学研究表明，容易在社交上出现轻度焦虑或害羞的成人，比其他人更能体谅他人，了解他人，在交谈时，他们亦会更细心地倾听，较少打断别人的话。由此可见，在人际交往过程中产生社交焦虑感是正常现象，但这种感受如果长时间存在且程度较重，会让我们产生情绪困扰、自信心受挫，甚至导致生活质量下降，影响学业和人际关系等方面的发展，对心理健康产生不利影响。

图7-5 社交焦虑感

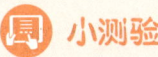 小测验

想知道你的人际关系如何吗？可以扫描下方的二维码进行测试。

人际关系的自我评定量表[1]

---

[1] 资料来源：黄远春，边仕英，陈小虎. 大学生心理健康教育［M］. 上海：同济大学出版社，2020.

第三节 社交达人的养成——人际交往的技巧

案例导入

李红是一名高职二年级的女生,学习成绩在班上名列前茅。然而,她却非常自卑。在大众场合,她不敢发言,与他人交流时总是无法恰当地表达自己的想法。尤其是在与老师或陌生人谈话时,她会感到十分局促,手足无措,脸也会变得通红。李红非常羡慕其他同学在公共场合能够从容不迫,侃侃而谈的样子。

从高中到大学,李红很少与异性交往。她从小就习惯了独自一个人,因此朋友变得越来越少,慢慢地脱离了群体,把自己封闭起来(图7-6)。久而久之,别人评价她是一个冷漠、孤傲的人。

尽管李红非常希望改变自己,并为此付出了很大的努力,但一直没有明显的改观,这让她感到非常苦恼。

图7-6 把自己封闭起来的李红

在人际交往过程中,我们要学习接纳自我,勇于表达,积极与他人沟通,逐渐克服心理障碍,建立良好的人际关系,积极适应社会生活。

一、自我觉察与认知

（一）自我反思，建立自尊

有时，我们会发现自己习惯于迎合他人，表现出"讨好型人格"的特征。面对这种情形，我们应通过深入的自我反思和认知，探寻这种人格特点的根源及其影响，成为一个更加自信、独立和真实的自己。

（二）表达需求，保护权益

在寻求和谐的人际关系时，我们总会不经意间忽略了自己的真实需求和感受，过度迎合他人的期望和喜好。因此，要学会勇敢地表达自己的需求和意见，让他人更加了解我们，增强自信和自尊，维护自己的权益。

（三）持续实践，积极改变

改变讨好型人格，需要我们持续不断地实践，保持积极改变的心态。在日常生活中，我们首先应尊重自己的感受，形成自我反思、表达需求的习惯，并定期进行回顾和评估，坚持进步和改变，努力维护健康的人际关系。

二、设定个人界限

（一）明晰界限，拥抱自由

我们要明晰自我情感、需求、价值观和信仰，了解自己的长处与短板，才能更好地设定一个可接受与不可接受的行为界限。在人际交往中，遇到不合理的要求时，勇于拒绝，维护个人边界，才能拥抱自由，尊重自我。

（二）自主解题，强化边界

设定明确的个人边界以后，我们要使用直接、清晰的语言表达需求和期望，同时也要倾听对方的想法，确保双方理解彼此之间交往的边界。在工作场合一类的特定关系中，强化边界意识显得尤为重要。

（三）坦诚沟通，共建边界

坦诚沟通是共建边界的基石。我们要勇于展示真实的自我，让对方充分了解自己的立场和期望，同时确认双方对边界的理解是否一致，及时解决存在的分歧，尊重对方的合理意见，避免日后产生冲突，为建立更深入的关系打下基础。

三、提高情绪管理能力

（一）接受自己，悦纳自我

我们需要调整对自身的过高期待，学会自我接纳，不要过于贬低自己在社交场合的表现，相信自己有能力改进和提高社交能力。同时，要保持积极的心态，勇于直面新的社交场合和机会，逐步提高对自己的要求，从而避免产生挫败感。

（二）认识情绪，耐心疏导

在人际交往中，我们难免会遇到各种情绪问题。这时，我们要学会认识自己的情绪，了解它们产生的原因并确立切实可行的人际交往目标，有难处时可尝试多与家人、朋友和同事沟通，耐心疏导情绪，直至达到良好的人际沟通状态。

（三）及时倾诉，减少内耗

及时倾诉可以减轻心理负担，让我们更加轻松地面对人际交往的问题。可以找一个信任的朋友或家人倾诉困扰和烦恼，同时也要学会倾听他人的倾诉，减少内耗，增进信任，将已建立的人际关系深入推进（图7-7）。

图7-7　积极与他人倾诉交流

四、建立健康的沟通方式

（一）勇于发声，主动交流

我们要敢于表达自己的观点和想法，不要害怕产生分歧。同时，也要学会主动交流，与他人建立良好的沟通渠道。例如，在课堂上积极发言、参加小组讨论等，这些举措都可以锻炼我们的沟通能力和表达能力，增强自信心和成就感。

（二）倾听他人，换位思考

倾听是沟通的重要组成部分。我们要积极倾听他人的观点，学会换位思考，从他人的角度理解问题。这样可以帮助我们更好地理解他人的想法和需求，从而减少误解和冲突。

（三）借助技巧，推进关系

良好的沟通技巧有助于我们在社交场合中更好地表达自己的观点，减轻社交焦虑，如使用赞美和肯定的语言来增强自信心，运用非语言沟通（如肢体语言、面部表情等）来表达自己的情感和态度，这样可以有效地帮助我们与他人建立和稳固联系。

 小锦囊

人际交往的9个心理效应

在人际互动的过程中,理解和掌握人际交往的心理学效应(图7-8)可以帮助我们更好地掌握人际交往行为和心理动态,从而提高人际交往的效率和满意度。

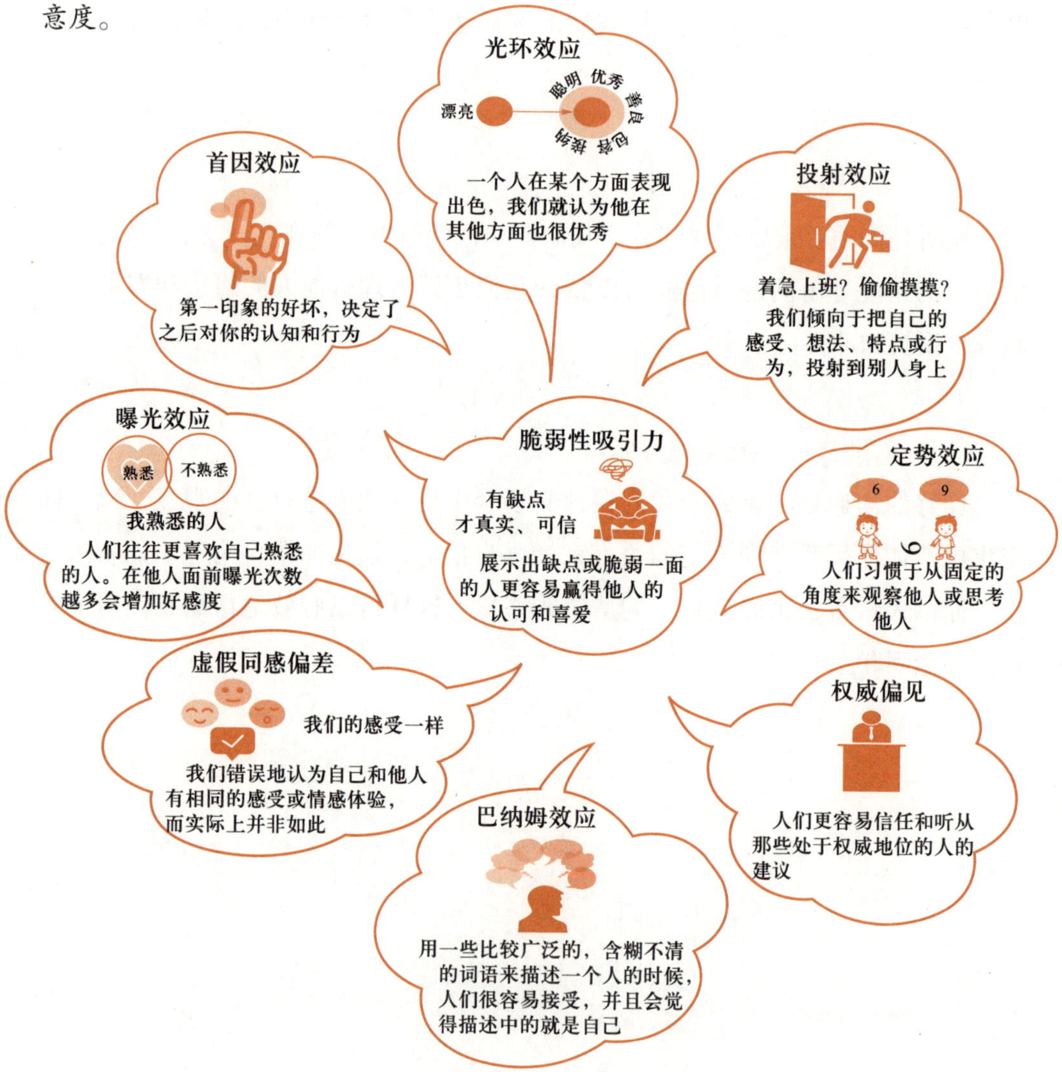

光环效应
一个人在某个方面表现出色,我们就认为他在其他方面也很优秀

首因效应
第一印象的好坏,决定了之后对你的认知和行为

投射效应
着急上班?偷偷摸摸?我们倾向于把自己的感受、想法、特点或行为,投射到别人身上

曝光效应
我熟悉的人
人们往往更喜欢自己熟悉的人。在他人面前曝光次数越多会增加好感度

脆弱性吸引力
有缺点才真实、可信
展示出缺点或脆弱一面的人更容易赢得他人的认可和喜爱

定势效应
人们习惯于从固定的角度来观察他人或思考他人

虚假同感偏差
我们的感受一样
我们错误地认为自己和他人有相同的感受或情感体验,而实际上并非如此

巴纳姆效应
用一些比较广泛的,含糊不清的词语来描述一个人的时候,人们很容易接受,并且会觉得描述中的就是自己

权威偏见
人们更容易信任和听从那些处于权威地位的人的建议

图7-8 人际交往的9个心理效应

小练习

你会放弃谁

以下有五种动物，老虎、猴子、孔雀、大象、狗，它们所代表的含义如图7-9所示。假如你到一个从未去过的原始森林探险，带着这五种动物，但四周危险重重，你不可能都将它们带到最后，不得不一一放弃。

孔雀：代表你的伴侣、爱人

老虎：代表你对金钱和权利的欲望

大象：代表你的父母

猴子：代表你的子女

狗：代表你的朋友

图7-9　五种动物代表的含义

思考：你会按什么样的顺序放弃呢？请说明理由。

资源推荐

一、阅读推荐

《方与圆》

作者：文德

本书全面系统阐释了方与圆的人生哲学。教你在为人处世中，懂得运用方圆的技巧和学问，正确面对博弈和竞争。

《玩转人际关系心理学》

作者：桑楚

本书涵盖如何与初次见面的人建立良好关系、讨人喜欢的话与招人厌恶的话、职场上百试百灵的心理技巧，帮助读者熟练掌握日常生活中与人交往的技巧。

二、影视推荐

《中国合伙人》

作品类型：电影

该片讲述了三兄弟为了改变自身命运，创办英语培训学校，并通过在合伙企业中建立和维护良好的人际关系，最终实现"中国式梦想"的逆袭故事。

《安家》

作品类型：电视剧

该片主要讲述了房产中介业务员在生活、工作和爱情等人际交往过程中发生的一系列悲欢离合的有趣故事。

第八部分

双向奔赴，掌握爱情密码

死生契阔，与子成说。执子之手，与子偕老。

——《诗经·邶风·击鼓》

爱情不是相互凝视，而是一同注视着同一个方向。

——[古希腊]亚里士多德

第一节 "缘"来是你——揭开爱情的面纱

案例导入

大一的张刚,成绩比较差,但他喜欢上了班里的学霸李霞。张刚思忖再三,主动对李霞展开了热烈的追求,最终打动了她的芳心(图8-1)。李霞对张刚约法三章:一是只能在周末约会,平时自己要认真学习;二是张刚的成绩至少要提高到中等水平;三是毕业要在同一个城市找工作。张刚爽快地答应了。大学期间,李霞不仅自己非常努力,还勉励张刚珍惜上大学的机会,鼓励和监督他多学知识,提高能力。在她的陪伴下,张刚不仅提高了学习成绩,还成了学生会的积极分子。校园里经常能看到他们一起学习、一起参加志愿活动的身影。大学毕业时,二人更是凭借优异的成绩找到了同一个城市的工作。工作三年后,两人幸福地走进了婚姻殿堂。

图8-1 心心相印的爱情

大学生正处在建立亲密感的重要时期,究竟什么才是真正的爱情?怎样才能爱情学业双丰收?如何平衡自我关爱与关爱他人?这些已然成为我们要面对的重要课题。

一、爱情是人类高尚的情感体验

什么是爱情？是"多情自古空余恨，好梦由来最易醒"，还是"两情若是久长时，又岂在朝朝暮暮"？心理学对爱情的定义是：爱情是人际吸引的最强烈的形式，是身心成熟到一定程度的个体对异性个体产生的有浪漫色彩的高级情感。还有人这样解释爱情（LOVE）：L 代表 Listen，即无条件无偏见地倾听；O 代表 Only，即百分之百的纯正的唯一；V 代表 Valued，即真诚的鼓励，悦耳的赞美，由衷的认可；E 代表 Excuse，即宽容对方的缺点和失误。

二、爱情必经的五个阶段

爱情发展通常可划分为五个阶段：激情阶段、疲劳阶段、斗争阶段、接受阶段和稳固阶段（图 8-2），每个阶段呈现出一定的规律性和可预测性。

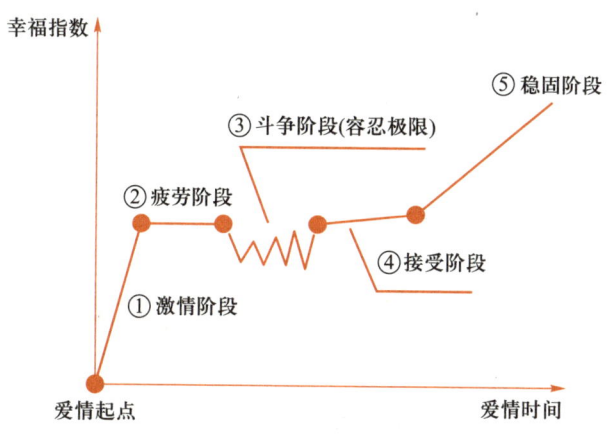

图 8-2 爱情发展轨迹图

爱情（图 8-3）从来不是一帆风顺的，每一个阶段都需要时间和耐心去探索。一份健康、长久、高质量的爱情，是需要双方共同努力经营的。

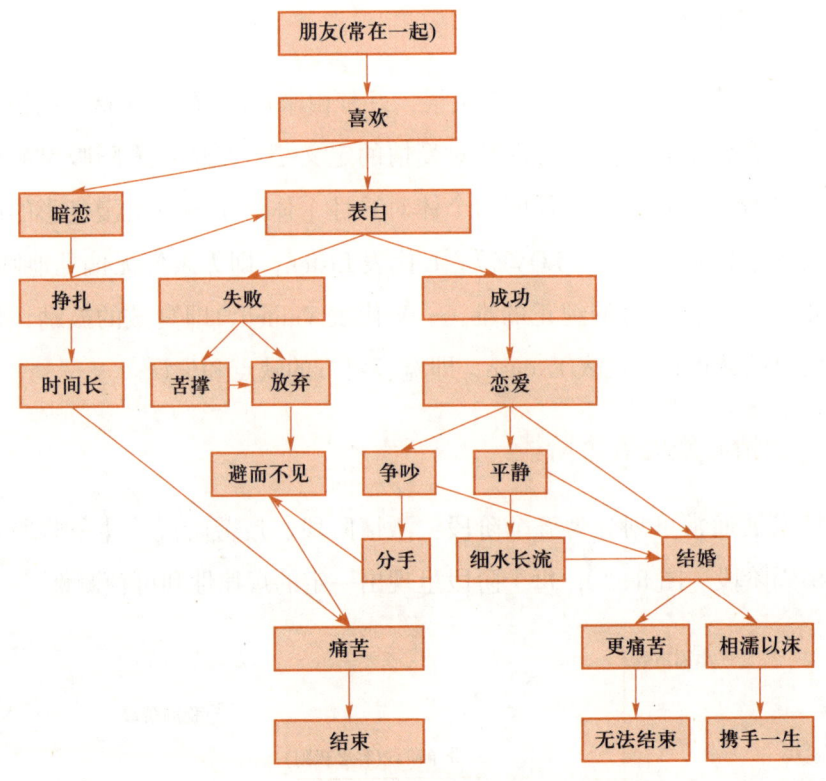

图 8-3 爱情发展流程

 小视窗

恋爱中的吊桥效应

当一个人提心吊胆地过吊桥（图 8-4）的时候，会不由自主地心跳加快。如果此时碰巧遇到一个人，那么我们可能会错把这种心跳理解为对那个人的心动，从而产生爱慕之情。因此，在恋爱中，要避免将一时的刺激和心跳加速误认为是爱情。

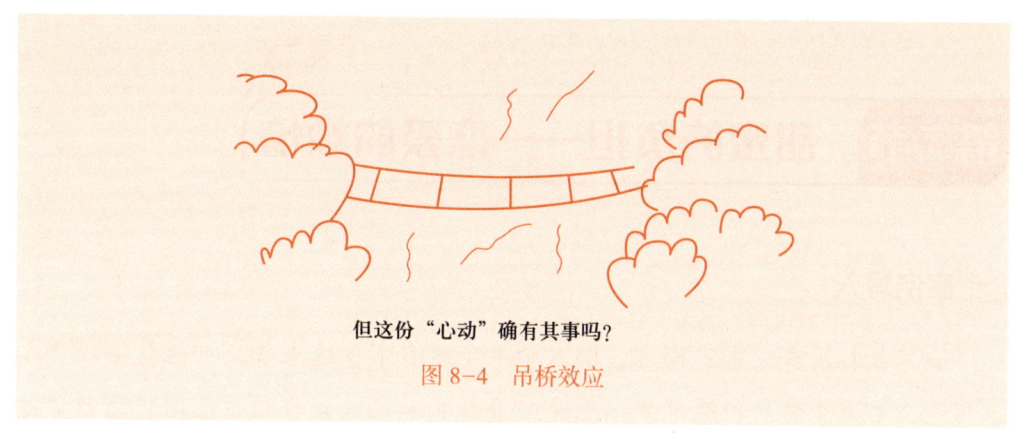

图 8-4 吊桥效应

三、大学生恋爱的特点

（一）简简单单的爱

大学生的恋爱没有太强的功利色彩，也没有过多地考虑未来，目的单纯，追求爱情的真谛。在此阶段，双方需要的更多是爱和被爱，这可能是出于本能的喜欢和吸引；也可能是出于从众或好奇的心理，把恋爱当成排解寂寞，填补空虚的游戏。

（二）不成熟不稳定的爱

大学生的社会阅历尚浅，人生目标尚不清晰，对待爱情往往不成熟，容易重外表、轻内在、重形式、轻内容。加之大学生经济尚未独立，缺乏妥善处理情感问题的能力，相比步入社会有一定生活阅历的人，我们的感情易变易断。

（三）容易受伤的爱

进入大学的我们，个性突出、重感情、易冲动，可能不能很好地平衡学业和爱情的关系。一旦热恋，可能不善于理智地驾驭情感，过分依赖对方。在恋爱过程中一旦受挫，我们可能情绪波动较大，陷入痛苦无法自拔，影响学习和生活。

第二节 甜蜜的负担——恋爱的烦恼

案例导入

小涛长相清秀,家境尚可,刚入学半年就有不少追求者,可他总是以"我不想这么早谈恋爱"拒绝对方。他说:"高考失利已经让我与自己理想的大学失之交臂,现在我只想登上一个更高的平台。而且,我现在没有经济实力去维持一段恋情。只有爬上更高的山,才会遇到更好的人正在对面等待。"

小刚则认为"在最美好的年纪遇见你,这件事情会温暖整个青春。或许我一无所有还青涩幼稚,但我有一颗爱你的心(图8-5),纯粹简单又勇往直前。"

图 8-5 心动的瞬间

恋爱,可以让我们感到幸福、快乐和满足,也可以让我们感到痛苦、悲伤和失落。恋爱,不仅是一段简单的情感,更是一种能够激发人内心深处最真挚情感的力量。它不仅让人感到温暖和幸福,也会带来各种挑战和考验。

一、恋爱是必修课还是选修课

有时候我们很想谈恋爱,却又为该不该去谈恋爱而困惑。恋爱是人生中一件非常重要的事情,需要我们慎重考虑。不妨看看以下建议,再决定是否开启一段恋爱关系。

(1)自我反思:了解自己的价值观、目标和需求,思考清楚自己的内心感受和动机,尊重自己的感觉。我们是真心想要寻找一个伴侣,还是只是因为外部压力或其他原因而想要谈恋爱?

(2)情感准备:谈恋爱需要付出时间、精力和情感投入。我们是否已经准备好为另一个人付出?是否能够处理恋爱中出现的种种情感波动和挑战?

(3)恋爱对象选择:如果遇到了喜欢的人,需要认真考虑对方是否与我们相互吸引、是否有共同的兴趣爱好、是否有相似的人生目标等。

(4)坦诚沟通:在开始恋爱之前,我们要和对方坦诚地沟通,分享各自的想法、担忧和期望,听取对方的看法。确保双方有良好的沟通基础,能够坦诚地表达自己的感受和需求。

(5)时间和空间:恋爱需要时间和空间来维系。确保我们有足够的时间来投入恋爱,同时也要保持个人空间的独立性。我们不要因为恋爱而忽略了自己的生活、学业、家庭和朋友,保持平衡是非常重要的。

二、暗恋一个人需要表白吗

暗恋一个人时,见到对方会怦然心动,和对方相处时会有一种兴奋的感觉。暗恋是美好甜蜜的,不仅能带来心理上的愉悦,还可能伴随生理上的反应,比如脸色潮红、耳根发烫,甚至呼吸急促、语无伦次等。暗恋可能是一时的激情,也可能是长久的喜欢。

我们可能会选择默默地暗恋一个人,独自享有这份快乐。也许是由于我们不够自信;也许是由于我们和对方各方面存在差距;也许是我们害怕失去不敢表达;也许是我们还没有寻找到合适的表达时机。

我们可能会选择告诉对方，也许是渴望将这份暗恋发展成爱情；也许是因为我们在告白之前就做好了充分的准备，能够坦然接受一切结果，不想因为错过，让自己的青春留下遗憾。

暗恋可能会让我们情绪不稳定，影响学业和生活，但同时也可能会带来积极的正面效能。有时我们为了引起对方的注意，会将这份喜欢转化为动力，激励自己克服困难取得优异的成绩。

暗恋是否告白，没有绝对的标准答案，也没有对错之分。无论怎么选择，我们都能从这个过程中学会如何爱一个人。这种爱促使我们成长，它赋予了青春别样的色彩，值得我们一生去品味。

三、我们可能会因为什么分手

（1）价值观不合。价值观是决定人们行为和决策的重要因素。如果双方在价值观上有很大的分歧，比如对家庭、事业、金钱、道德等方面的看法不一致，就会引发行为方式和人生发展目标上的矛盾。

（2）不恰当的交往模式。我们在恋爱中很可能会做出不尊重对方，不给对方足够的空间和时间的行为。认为只有天天黏在一起才是幸福，将对方视为自己的私有物，要求对方始终听从自己的意愿，这会为双方的感情埋下隐患。恋爱时缺乏沟通技巧，表达方式生硬、不愿意倾听对方的意见和想法等，也容易导致误解和矛盾的产生。

（3）缺乏对恋爱规律的认知。如果对恋爱特点没有深入了解，对恋爱双方的需求和特殊心理表现形式也不甚理解，我们就很有可能与对方产生冲突。

 小贴士

正确对待失恋

（1）失恋不失德：对人对己高度负责，"冷处理"解决问题，胸怀坦荡、豁达大度。

（2）失恋不失志：失恋不等于失去人生的价值和意义，不能因此而意志消沉。

（3）失恋不失态：聚为伴侣，相敬如宾；散为朋友，不伤和气。

（4）失恋不失情：失恋不是永远失去爱情。莫愁前路无知己，人生路上有知音。

（5）失恋不失智：客观、冷静、理智，头脑清醒，吸取教训。

（6）失恋不轻生：爱情不是人生的全部，失恋不等于失去一切。为失恋轻生，没有价值，是对父母、亲友和社会不负责任的行为。

四、对性生理感到困扰，怎么办

我们正处在性成熟阶段，处在性意识、性能量最旺盛的时期，对涉及性身份、性取向、性功能等方面感到心理困扰是很常见的。我们对异性充满好奇，有强烈的性冲动，随着恋爱的发展必然导致不同程度的性接触。我们要正确对待性。性不丑恶、不神秘，更不是洪水猛兽。性是影响身体健康的重要因素，也是完整人格不可缺少的重要部分。我们在性接触方面要相互尊重。交往中的言谈举止也要循序渐进，不能太过着急，但也不要处处回避。面对性行为的抉择，我们应当审慎思考自己是否有能力承担相应的责任，更要思量性行为本身是否有助于增进彼此之间"爱"的关系。

以下建议可以帮助我们应对这种心理困扰。

（一）接受自己

自我接纳是减少心理困扰的关键。认识到自己产生这样的感觉是正常的，不要为此感到羞耻或内疚。每个人都有关于性的疑问和困扰，这是成长的一部分。学会接纳自己的身体和性身份，认识到每个人都有独特之处。

(二)自我教育

学习有关性生理的知识,了解身体的变化和性健康的相关信息,更好地理解自己的身体,减少误解和焦虑。建立健康、正面的性观念,理解性是成年人生活的一部分,它不仅能带来愉悦,更是健康生活的基石。我们应自觉屏蔽不健康的性信息,确保信息来源可靠和正面。

(三)与他人交流

与信任的朋友、家人或亲密伴侣交流你的感受。有时候,仅仅通过谈论我们所面临的问题,便能获得心理上的纾解。如果这些困扰影响到了我们的日常生活,那么寻求心理咨询是非常重要的,心理咨询师可以提供专业的指导和支持。

(四)转移和升华

强烈的性冲动可以转化为更高水准的情绪活动和理智活动,用于工作或创作中,也许能结出意想不到的硕果。我们可以通过学习、参加社会活动来实现性生理能量的有效释放及升华。例如,通过绘画、音乐、体育运动、娱乐活动等方式,使性能量得以转移,使性情感得以平衡。

 小视窗

性心理健康的标准

心理学家达拉斯·罗杰斯认为,保持健康的性心理应遵循如下标准:①具有良好的性知识。②对于性没有由于恐惧所造成的不良态度。③行为符合人道。④在性方面能做到"自我实现",即能学会拥有、体验、享受性的能力,在社会、道德的允许下,最大限度地获得性活动的快乐与满足。⑤能负责地做出有关性方面的决定。⑥能较好地获得有关性方面的信息。⑦接受社会道德和法律的制约。

第三节 恋爱攻略——培养爱的能力

案例导入

小河和小源相识于某医学高等专科学校,在一次实习经历中偶然相识,在得知对方都有专升本的计划后,在互相鼓励和学习的过程中自然而然地走到了一起。一起看书学习、一起参加活动、一起散步打卡,他们的恋爱之路一路生花,充满了幸福和甜蜜,两人互相扶持,共同成长(图8-6)。小河坦言"由于专科所学专业与本科专业存在差异,在备考过程中面临着较大挑战,面对繁重的学业与知识鸿沟,每个夜晚似乎都被困顿与困惑充斥、难以安眠。他们每天白天学完,晚上就互相提问。生病时候的陪伴令人倍感温暖,无数细节赋予了彼此坚守信念、勇往直前的力量。"小源觉得自己和小河在一起的最大变化是让自己变得更勇敢了。"因为一份确定的爱,所以有做任何事的勇气。"历经一千多个日日夜夜,他们不仅成功从专科升入了本科,还考取了研究生。最美的爱情,并不是一起吃喝玩乐,而是两个人目标一致,共同前进,小河和小源做到了。

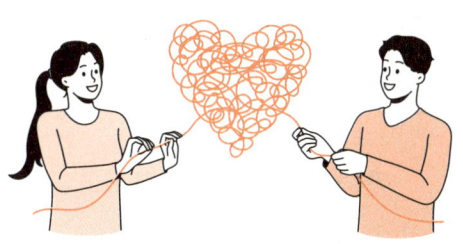

图8-6 双向奔赴的爱情

相互帮助,一起陪伴,彼此成就,一起奔赴理想,一同成为更好的我们。这就是爱情最好的模样。

一、健康的恋爱观

（一）爱是责任

恋爱不是随便说说的，爱是包容、是担当、是付出，更是责任。缺乏责任感的爱情就如同树木没有坚实的土壤，不能枝繁叶茂。爱的责任不是外界强加的，而是内心的自觉。爱是为自己所爱的人抵挡风霜雨雪，而不仅是感官上的愉悦与寂寞时的陪伴。为了使自己有承担责任的能力，我们要正确处理学习和恋爱的关系。大学阶段，学习无疑是最为关键的核心任务。只有通过不断地学习，增强自身的本领，才能担负起爱的责任。

（二）爱是尊重

每个人都是独立的个体，有自己的思想、感受和需求。真诚的爱是建立在双方平等与理解的基础之上的。在爱的关系中，我们要尊重对方的独特性，而不是试图改变或控制对方。爱是双向奔赴，而不是单方面的付出。爱一个人，就应该接受他本来的面目，而不是要求他成为我们所期望的那样。

（三）爱是能力

爱的能力不是与生俱来的，也不是随着生理成熟自然形成的，而是在社会生活中逐渐培养与成长起来的。换言之，爱是一种能力，可以通过锻炼来提高。这种能力包括施爱的能力、接受爱的能力与自我成长的能力。我们在大学期间可以有意识地锻炼自己这方面的能力（图8-7）。爱的能力需要我们始终保持高度理性而非随着感觉走。

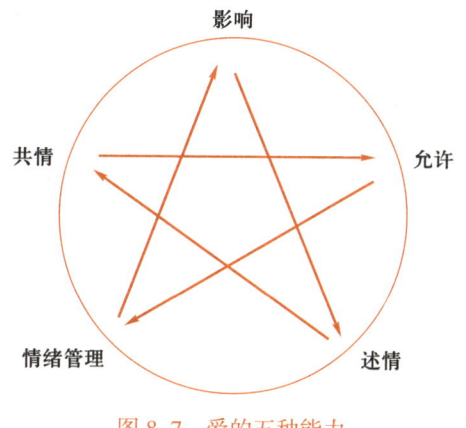

图 8-7 爱的五种能力

小测验

恋爱是两颗心碰撞产生的火花。可以扫描下方的二维码测试你对他的情感是怎样的。

"喜欢"还是"爱"的测试量表[1]

二、培养爱的能力

（一）在爱与被爱中看见自我

加速自我的心理成熟，培养积极的人生观、价值观。发展自己独立的人格，体贴、关怀、尊重他人。恋爱不是一种纯粹的精神活动，它是个人生理、心理发展的需要，更是一种社会行为，体现了一个人的追求。具有独立人格的人能够正确认识自己、悦纳自己、发展自己，使自己充满信心和勇气。我们在爱与

---

[1] 陈小梅. 大学生心理健康教育 [M]. 厦门：厦门大学出版社，2019.

被爱中成长为更好的自己。

（二）培养与异性交往的能力

异性同学之间的正常交往不仅有利于学习进步，而且有利于个性的全面发展。男女生正常交往能消除两性之间的神秘感，培养健康的性心理；有利于智力上的取长补短和情感上的交流互补及个性的充分发展；更容易建设团结上进的班集体，给我们大学的学习和生活带来快乐和美好。

我们与异性交往时，要感情自然，仪态大方，不失常态，避免因为过分的羞怯而引起对方的误会。在与异性交往过程中要做到坦荡无私，以诚相待，相互信任，这是建立和发展良好异性关系的前提和基础。即使彼此视为异性知己，所言所行也要留有余地，不能毫无顾忌。比如在与异性的谈话中涉及两性之间的一些敏感话题时，要尽量回避或谨慎地应对，并且身体接触要把握好分寸，不能过于轻浮，也不要过于拘谨。在与异性的长期交往中，更要把握好立场，亲密程度要恰到好处。

 小锦囊

学习爱的语言

爱是一门语言,它有独特的词汇和语法。我们要学习和掌握这门语言,以精准地表达自身的情感与感受(图8-8)。

图8-8 爱的语言

三、恋爱受挫调适方法

（一）敢于面对失恋的现实

勇敢面对失恋的事实，坚强地承受失恋所带来的影响，更要认识到爱情并非生命的全部。只有勇敢地面对现实与未来，才能顺利地走出心理阴影。

（二）加强自我调控，减轻心理压力

有意识地控制自己波动不安的情绪；积极参加体育锻炼，增强生理上的承受力；努力保持心理的平衡，以自信、坚强的精神面貌积极投入到学业中去。

（三）适当进行情感宣泄

可以找亲人或知心好友倾诉心中的烦恼、怨恨与不快，也可写日记，甚至可以关门痛哭一场。这样有助于消除失恋带来的心理压力，及时恢复心理平衡。当然，宣泄要有度，无休止地唠叨，反而容易让人沉溺于消极的情绪中。

 小视窗

心理学大师是如何看待爱情的

弗洛姆，人本主义哲学家和精神分析心理学家，是这样看待爱情的：

（1）如果一个人只爱一个人，而对其他人漠不关心，他的爱就不是爱，而是一种共生性依恋或者是一种放大的自我主义。

（2）不成熟的爱是因为我需要你，所以我爱你。成熟的爱是因为我爱你，所以我需要你。

（3）爱主要是给予而不是接受。给予比接受更快乐，并不是因为它是一种被剥夺，而是因为在给予的行为中表示了我生命的存在。正是在给予的行为中，我体验到我的力量、我的财富、我的能力。

（4）真正的爱情可以唤起双方身上的某种生命力，而双方都会因唤醒了内心的某种生命力而感到快乐。

（5）爱是对所爱对象的生命和生长的积极关心。如果缺乏这种积极的关心，就没有爱。

小练习

练习建立更好的亲密关系

恋爱是一个动词，让我们行动起来，练习建立更好的亲密关系吧。

（1）向对方分享自己今天的所见所闻，所思所想。

（2）关心对方的学习、生活和情绪，让对方感到被重视。

（3）制造一个小惊喜，创造属于两个人的浪漫时刻。

（4）真诚地夸奖对方，肯定对方的进步和成长。

（5）通过言语或行动，向对方表达自己的爱意和承诺。

（6）一起参加活动，共享快乐时光。

（7）一起讨论对未来的规划。

（8）营造重要日子的仪式感。

（9）陪对方做 TA 喜欢的事情。

（10）支持对方积极的想法和做法并及时回应。

（11）遇到问题或争执及时沟通，不冷战。

你认为还有哪些能够建立起更好的亲密关系的方式呢？请写下来。

（12）_____

（13）_____

（14）_____

（15）_____

资源推荐

一、阅读推荐

《不知道为什么，我突然爱上你》

作者：沈从文、张兆和

本书是文学巨匠沈从文与妻子张兆和的家书，记录了他们相濡以沫携手走过近半个世纪的人生沧桑，能够让读者更深刻地体悟伴侣之间纯真隽永的深情。

《爱的艺术》

作者：艾里希·弗洛姆　译者：刘福堂

如果没有爱他人的能力，如果不能真正谦恭地、勇敢地、真诚地和有纪律地爱他人，那么人们在自己的爱情生活中永远也得不到满足。

二、影视推荐

《怦然心动》

作品类型：电影

电影讲述了男孩和女孩的爱情故事。简单而纯真。"斯人若彩虹，遇上方知有"。

《匆匆那年》

作品类型：电影

电影以回忆的方式讲述了几个年轻人从中学到大学一直到毕业后的爱情和友情故事，展现了青春期的美好与遗憾，以及面对现实时的选择和成长。

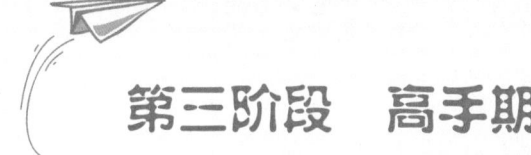

第三阶段　高手期

恭喜你！成功晋级！基于前期所积累的能力与经验，我们现已进入到高手期，新的挑战已经解锁，正等待着我们去逐一攻克。接下来，我们将细致分析自身的各项能力指标，为迎接之后的职场挑战量身定制一套专属攻略。在此过程中，我们也会深刻认识到，生命没有所谓的"返回"或"跳过"的选项，更没有可供我们随时按下的"暂停"或"重启"键。因此我们必须以严谨的态度认真对待每一个阶段，运用科学有效的方法化解潜在心理危机，确保自身始终处于"安全状态"。

第九部分
幸福未来,规划精彩人生

在选择职业时,我们应该遵循的主要指针是人类的幸福和我们自身的完美。

——[德]卡尔·马克思

奋斗就是生活,人生惟有前进。

——巴金

第一节 "预见"方能"遇见"——职业生涯规划

案例导入

小朱在上大学时曾听同学们议论，省级职业技能比赛的第一名有机会留校当老师。"校园生活更加适合性格简单的自己"，小朱树立了一个信念——当老师。

靠着不懈坚持与努力，小朱在省赛与国赛中脱颖而出，并最终在世界技能大赛的工业控制项目中为中国首夺金牌。

很多企业希望聘请小朱担任工程师，但都被他拒绝了。他想实现最初的梦想——留在学校当老师（图9-1）。小朱说："我们赶上了一个崇尚技术技能、尊重人才的新时代，职业教育的未来充满希望。我相信，只要始终怀揣着最初的那颗'技能梦'，不断传承劳动精神，未来的能工巧匠、大国工匠就在我们中间。"

图9-1 留校任教的小朱

理想信念是海上的灯塔、是岔路口的方向标，是旅途中的指引者，能够为我们的人生发展指明方向，为我们的拼搏奋斗提供动力，使我们成为更好的自己。

一、树立理想，激发潜能

小时候我们经常被问道："你有什么理想？你长大以后想做什么？"我们都曾对未来进行畅想。这些畅想虽然不一定会成为现实，但也为我们的生活增添了一份希望，鼓舞着我们勇往直前。

并非只有远大的志向才可被称作"理想"，理想也可以融入日常生活中，我们对未来的一切愿望与追求都是我们的理想。它为我们提供了人生的方向和奋斗的目标，让我们明确自己的追求和价值所在；它能够激发我们的积极性和创造力，鼓舞我们克服困难和挑战，不断追求更高的目标；在追求理想的过程中，我们要不断挑战自我，超越自我，实现自我价值；在人生道路上，我们会遇到各种挫折和困难，理想能够给予我们强大的精神支持，帮助我们战胜困难，提供前进的动力。

 小视窗

自我实现的需求

著名心理学家马斯洛认为人类的动机和需求存在优先等级，他创立了需求层次模型（图9-2），并将人类的需求从低到高分为五个层次：生理需求、安全需求、社交需求、尊重需求和自我实现需求。其中自我实现需求是需求层次模型中的最高层次，指个体追求发挥自己的潜能和才能，达到自我实现的需求。理想可以激发我们的自我实现需求，让我们充分发挥自身潜能，努力追求更高层次的目标，最终实现自己的理想抱负。

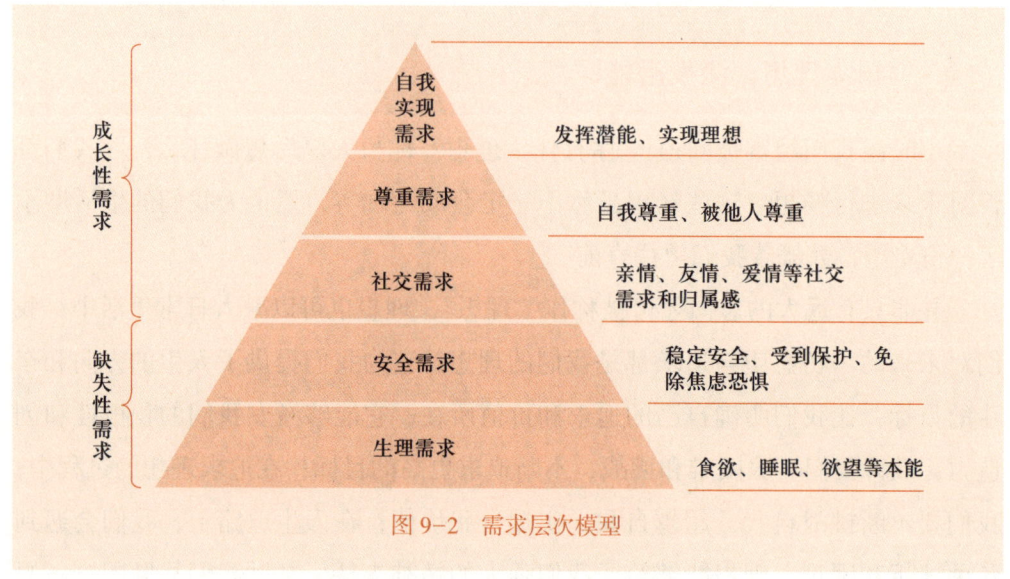

图 9-2 需求层次模型

二、稳定心态，不言放弃

（一）保持良好稳定的心态

人们常说"理想很丰满，现实很骨感"，我们在追梦的道路上难免会遇到挫折。这些挫折警示着我们现实与理想之间的距离，容易使我们的心理状态产生异常波动，因此我们需要密切关注并及时调整心态。理想与现实之间往往存在差距，且事情很难一蹴而就，所以我们需要以稳定的心态接纳当下自身的不足与差距，进而采取有效的措施进行能力提升或弥补。良好的心理状况是我们行动的基础，是我们实现理想的重要条件。

（二）积少成多不中途放弃

《荀子·劝学》中提道："不积跬步，无以至千里。"如果不积累一步半步的行程，就没有办法达到千里之远。而想要厚积薄发，则要笃志高攀，切不可半途而废。如果我们因受挫而中途放弃，就永远不会到达目的地。只有跌倒后爬起，不断跨过路上的荆棘，坚定勇敢地向前，才能最终抵达目的地。不要停下行动的脚步，眼下的每一步看似渺小，但积少成多终能看到明显的变化。持续的行动还能帮助我们形成思维和行为的惯性，培养新的良好习惯，使我们的追求理想之路更加顺利。

 小贴士

目标分解有助于完成任务

我们可以尝试对目标进行分解，尤其在完成一项难度较高或耗时较长的任务时，可将总体目标分解为若干小目标，在每个小阶段都以对应的小目标为重点努力奋斗，而我们完成小目标所获得的满足感与成就感又能够成为激发我们继续行动的动力。

（三）重视并有效利用资源

我们身边有许多方面的资源可以利用，这能够帮助我们更快实现自己的理想。我们拥有广泛的社交资源，家人、朋友、老师都能够成为我们的助力，为我们提供建议、鼓励与陪伴；学校会为我们提供丰富的实践资源，我们可以通过参加活动与比赛，磨炼心智与能力；我们还可以利用网络资源，通过就业相关的线上平台了解最新的政策文件、当下的行业发展状况和真实的岗位需求等信息，善用工具能够提升我们做事的效率，实现更好的发展。

（四）顺应时代不断更新

事物往往并非一成不变，随着时代的发展，社会与职业对人才的要求也在持续变化。因此，实现理想的方法，甚至理想本身都应适时调整，与时俱进。科技的发展与社会的进步是我们需要关注的部分，及时了解并使用高科技的手段能够帮助我们提升效率，同时我们的理想也应顺应社会发展的需要。

三、职业规划，筑梦未来

（一）职业生涯规划帮助我们更好地认识自我

职业生涯贯穿我们的一生，是所有与职业相关的行为活动和思想态度，也是职业、职位的变迁及职业目标的实现过程。简单来说，职业生涯就是一个人终生的工作经历，而我们对其进行的规划就是职业生涯规划。

通过对自身的主观因素和客观环境进行全面分析和评估，我们能够制定出一份以实现职业目标为导向的职业生涯发展规划。这份规划对于我们的职业生涯至关重要，能够帮助我们有针对性地发展进步，最终实现理想。

进行职业生涯规划能够增进我们对自我的了解，丰富并梳理自我认知。规划职业生涯的过程也是探索人生价值的过程，在此过程中，自我认知会更加清晰全面：我的优势有哪些？我适合从事哪类工作？哪些方面是我必须坚守的？哪些方面是我可以舍弃的？我在人生的岔路口应该如何选择？

（二）职业生涯规划帮助我们不断提升能力

对未来的规划为我们指明了努力的方向，有了目标，我们就能更好地把时间和精力用在"刀刃"上。职业生涯规划通常涉及对个人技能、兴趣和价值观的评估。基于这些评估，我们可以识别出需要提升的技能和知识领域，并通过学习、培训和实践来进行完善。

（三）职业生涯规划帮助我们提前适应社会

为了对职业生涯进行合理规划，我们需要提前调研社会时代背景，关注行业发展趋势，明晰岗位招聘要求；我们还应结合实际体验调整规划，积极进行探索，通过实习实践等方式实际体悟工作。在对职业进行探索的过程中，我们会逐渐了解社会对职业提出的要求，践行职业规划的过程也是适应社会的过程。

职业生涯发展阶段理论

职业生涯规划学者舒伯把职业生涯划分为五个主要阶段（图9-3）：成长、探索、确立、维持和衰退。其中探索阶段在15~25岁，这个阶段的主要任务是综合认识和考虑自己的职业兴趣、职业能力、职业社会价值和就业机会，开始进行职业准备与尝试。此时我们应探索更多生活空间、了解更多的工作机会、验证一些梦想的真实性、初步确认自己的生涯方向。

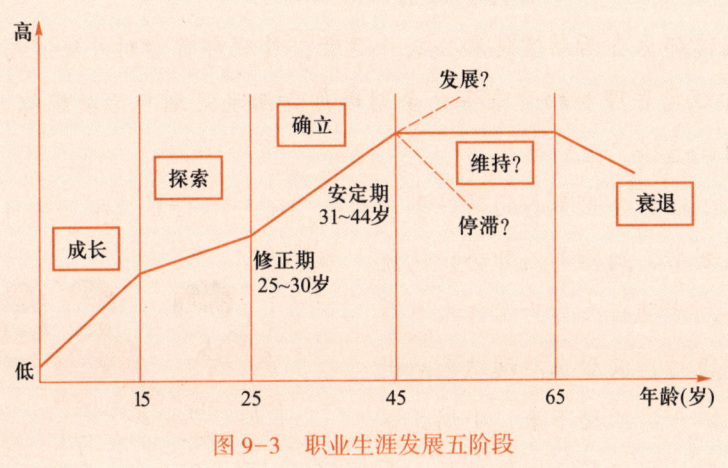

图9-3　职业生涯发展五阶段

第二节 机会留给有心人——职业生涯准备

案例导入

小周将自己在公司的团队工作中如鱼得水归功于在学校心理协会任职的经历。

心理协会就像一个小公司，几个部门各司其职：办公室负责人员管理和资料管理；宣传部负责活动宣传和公众号运营；外联部负责对外交流与招商引资；后勤部负责经费管理和物资准备；企划部负责活动策划与活动组织。小周的创造力强，因此选择了企划部。

小周在心理协会里参与的第一个活动是"10·10世界精神卫生日活动"，从撰写修改策划书，到各部门开会讨论流程分工，再到活动当天作为工作人员维护活动正常进行，最后在活动结束后进行复盘总结。一次活动下来，小周获益良多。大二时他当选了企划部部长，手把手带着新人写策划书（图9-4），向他们传授自己的经验。

图9-4 小周教新人撰写策划书

大学的学生工作和职场工作存在一定相似性和共通性，在大学时加入学生组织能让我们提前感受职业生活，点亮相应技能点。

一、职业与专业的关系

(一)职业与专业密切相关

大学将所有学生分配到了不同的专业,旨在为各行业培育具有特殊技能的人才。为了满足某类或某种社会职业对人才的知识和能力需求,我们需要提前进行相应的针对性训练。所以学校会参考对应职业的条件与需求来制定各专业的人才培养方案,并且根据行业的发展变化对其进行调整。

高职学校的专业设置具有很强的职业导向性。为了确保学生能够掌握与职业相关的知识和技能,学校会根据社会经济发展和产业结构的调整,不断优化专业设置,以满足职业市场的需求。这种职业导向性不仅体现在专业的开设上,还体现在专业的教学内容和教学方法上。

我们通过大学的专业培养,能够系统掌握相关专业知识与技能应用方法,并且落实到实操过程当中。这种专业素养能够成为我们求职时的亮点与优势,比如技术型岗位招聘时倾向具备扎实专业知识的人才。

(二)专业不一定成为职业

虽然大学的专业培养方式有助于我们提前掌握职业所需的专业知识与技能,但我们不一定都会走上与所学专业对应的职业道路。受到兴趣爱好、机缘际遇、社会背景、家庭条件等方面的影响,我们可能会走上与所学专业并不相关的职业道路,实现"跨行就业"。

人是多元素的集合体,专业背景、性格气质、外貌身材、思想认知等方面都是集合体的组成部分,都在不同程度上影响我们的职业生涯规划与选择。我们自身的兴趣爱好、在学生工作中培养的领导组织才能、在兼职及实习中获得的工作经验、通过自学习得的某项技能都能够为我们的就业提供更多选择,创造更多机会。

二、大学是通向社会的桥梁

（一）学生活动为职场工作提供模拟演习

大学为学生提供了丰富的活动机会，如学生组织、社团、志愿者活动等。这些活动与社会活动存在相似之处，比如学生会的入选需要考察相应的能力和素质，通过竞选获得资格；社团活动的开展需要提前策划、详细分工、组织实施等。通过参与这些活动，学生不仅可以培养相关技能，还能够提前体验组织、协调、领导等真实社会中的工作行动。

（二）自主环境为独立生活提前做好准备

与中小学相比，大学的环境更加自由，这一方面赋予了学生更自由的生活空间，另一方面也对学生提出了独立自主的要求。在这样的条件下，学生在学习方面需要自行安排学习时间并完成学习任务（图9-5）；在生活方面需要独立打扫宿舍卫生、管理生活费用。这种自主性的增强需要学生承担更多的责任，并学会独立解决问题，这与真实社会中的自主性要求相似。

图9-5 自主完成学习任务

有这样一种说法：大学是走向社会的桥梁。大学就像一个小型社会，我们通过仔细对比大学情况与社会情况，发现两者存在一些相似的特征。这些相似之处对于我们大学生来说，为我们适应社会、走上职场提供了宝贵的资源支持，使我们可以在大学的学习、工作和生活中提前掌握职业所需的技能、培育职场生存的素养、适应社会生活的节奏。

三、大学是通往职场的预备阶段

（一）深度思考帮助我们提高职业了解度

大学期间，日渐成熟的心智能够使我们在职业生涯规划方面有更深的思考。我们能够运用网络与现实资源从多方面检索职业信息，形成比较全面的职业认识。但由于社会阅历的欠缺，我们也需要合理参考家长、老师、专家等前辈的建议，避免当局者迷。我们要提升判断能力和鉴别能力，面对网络上良莠不齐的职业信息切忌盲目轻信，一定要运用批判性思维去评估信息的真实性和价值，形成自己的判断。

（二）高效学习帮助我们提升职业竞争力

大学为我们创造了一个能够专注学习专业知识的良好环境，提供了丰富的学习资源，从多方面满足学习的需求，有利于提升学习的效率，增强学习的效果。我们应合理利用这些资源条件，打好理论基础，磨炼实践技能，以满足职业的各项要求。尤其是在确定职业目标后，更应该以此为方向，学习相关知识，搜索相关资料，练习相关技能，提前进行准备能够极大地提高我们的职业竞争力。

（三）积极实践帮助我们磨合职业匹配度

实践是检验真理的唯一标准，如果我们的职业生涯规划只停留在字面上，便容易成为空想，难以落地。实践能够校正我们的思想，使我们的思想随着实践的广度、深度逐渐拓宽，帮助我们探索出一条适合自身情况的职业发展道路。我们应积极把握学校提供的各项实训、实习等实践机会，探索自身条件与职业要求的匹配程度，及时做出弥补或调整。同时各种形式的实践也是积累经验的重要途径。这个阶段最关键的不是结果的成败，而是积累经验并不断反思总结，以帮助我们未来更好地适应职场。

象牙塔一词常被人们用来描述脱离现实生活的"精神圣地"，因此大学也被称为"象牙塔"。在我们正式进入职场、步入社会之前，学生身份让我们能够更轻松自由地生活，减少复杂的社会生活可能带来的负面影响。象牙塔中的生活虽好，但我们不能永远身处其中，更不能沉浸在安逸的氛围中无所作为。为了更好地适应将至的职业生活，我们需要有效利用大学生活中的宝贵时间，为迎接新生活做好各方面的准备。

第三节 穿越职场迷雾——步入职业舞台

案例导入

小钟性格内向,从小就不擅长和陌生人交流,幸好身边一直有几个好友陪伴,倒也不会感到寂寞。她平时在学校专心学习,不参加额外的社交活动,生活安静、稳定,直到她开始找工作……

基于自身的优异成绩和良好素质,小钟撰写了一份初筛通过率很高的简历,获得了许多面试的机会,却没想到面试环节给她带来了巨大挑战。面试要求小钟同时对多位面试官进行自我介绍并回答他们的问题,有时还需要和其他陌生应聘者一起进行无领导小组讨论。内向的小钟一到这种时刻就感到紧张和焦虑,语言逻辑不通,甚至说话声音颤抖(图9-6)。这种情况下,小钟自然得不到好的面试结果,并对此感到非常困扰。

图 9-6　面试时紧张的小钟

求职没有暂停键和重启键,我们在求职时往往没有后退、后悔的机会,做到一击即中需要我们具备较强的心理素质。

一、平等看待每份职业

我们在提及职业规划和未来期望的问题时,经常脱口而出一句话:"我想找一份好工作"。"好工作"是一个主观且多元化的概念,不同的人因其个人兴趣、价值观、职业目标和生活需求的不同,对"好工作"的定义也会有所不同。

我们应树立正确的职业观,端正职业态度,努力消除职业歧视和偏见。任何行业、公司、岗位的工作都应该被平等看待,因为它们都是社会运转不可或缺的组成部分,都为维持社会的正常运转发挥重要作用。工作没有高低贵贱之分,只有分工的差异。

二、寻找适合自己的职业

(一)匹配的能力是岗位的敲门砖

我们通常会基于自身所具备的能力素养去搜索匹配的职业与岗位,以更好地展示自己在专业技术、沟通协作、软件应用或领导统筹等方面的能力,有助于我们应聘成功。一方面,匹配的能力是敲门砖,避免我们在简历筛选关卡就落选,是我们在应对应聘的层层考验时的坚实竞争力;另一方面,匹配的能力还是"润滑油",帮助我们快速适应新的岗位,出色完成各项任务。

(二)浓厚的兴趣是职业的催化剂

我们的兴趣爱好也是职业选择的重要因素。受兴趣爱好的驱动,人们通常更愿意在自己感兴趣的领域工作,因为这样更容易保持工作的动力和热情。当我们满怀工作热情时,更有可能主动寻求学习和发展机会,不断提升自己的职业技能和素养,进而取得更好的成就,实现更长远的发展,获得更高的满足感与成就感。

职业兴趣理论

职业指导专家约翰·霍兰德认为，兴趣是人们活动的巨大动力，可以提高人们的积极性，促使人们积极愉快地从事自己感兴趣的职业。而兴趣又和人的人格类型密切相关，因此他将人格、兴趣、职业相结合，把职业兴趣分为以下六种类型（图9-7）：实际型、研究型、艺术型、社会型、企业型和传统型。

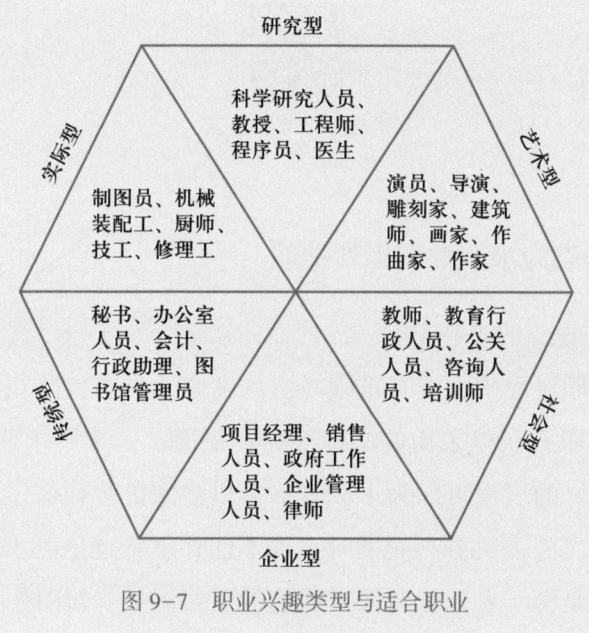

图9-7 职业兴趣类型与适合职业

职业要求与自身情况的适配度是影响职业规划的重要因素。一份与自身特点相匹配的工作，能够更大限度地发挥我们的潜能，实现我们的价值，使我们在工作中获得更强的满足感与成就感。我们需要了解并参考自身的兴趣、能力、人生观和价值观，确立适合自己的职业发展方向和目标，并在求职时结合自身实际情况，选择适合自己的岗位应聘。应聘者与岗位是双向选择的关系，应聘者一方面可以根据自身喜好选择岗位，另一方面岗位也会对应聘者提出特定要求。如果我们无法满足这些要求，或是需要透支自己去满足这些要求，就很难将这份职业继续下去。当我们发现难以适应某岗位时，可以选择及时止损，主动寻求其他更加合适的岗位就职。

 小测验

兴趣是我们活动的巨大动力，能够促使我们积极地、愉快地做事。想知道你的兴趣方向属于何种类型吗？可以扫描下方的二维码进行测试。

霍兰德职业兴趣测试[①]

三、良好心态为求职顺利保驾护航

（一）缓解焦虑，放平心态

在真实的求职过程中，没有重来一次的宽容，只有狭路相逢的竞争。举个例子，面试是求职者获得录用的必经之路，是面试官了解求职者的一种高效、直接的方式。良好的表现可以为求职者赢得更多的机会和信任，而糟糕的表现则可能导致求职者失去机会。面试时表现不佳并不一定是由于求职者的能力素养不足，也可能是由于求职者对面试成功的急切渴望、对陌生面试情境的恐惧或背负他人对自己的期望，进而产生过多压力，出现焦虑心理。精神紧张、情绪暴躁、意志消沉等心理状况，以及睡眠障碍、食欲不振、多汗发抖等生理状况，都会影响我们的面试表现，甚至是正常生活。我们需要采用科学方法及时缓解焦虑情绪，调整心态，在适合自己的节奏中探索职业生涯。

---

① 成光琳，曹畅. 大学生心理健康教育［M］. 3版. 北京：高等教育出版社，2024.

 **小锦囊**

缓解求职焦虑的方法

我们在求职时难免会感到焦虑，为了以更好的状态进行应聘，我们可以使用以下方法缓解求职焦虑，调节心理状态（图9-8）。

- 提升自己的能力
- 转移注意力
- 调研目标岗位
- 提前准备面试问题
- 进行模拟练习
- 和他人交流
- 制订清晰的计划
- 学习面试的技巧
- 规律作息

图9-8　缓解求职焦虑的方法

（二）克服自卑，关注优势

对自身能力的低估和不善于自我表现的性格特点容易使我们产生自卑心理。这种自卑容易造成求职的失败，而失败的求职经历又会进一步加深这种自卑，容易陷入恶性循环。我们可以深入了解自己的价值和潜能，挖掘自身优势（图9-9），结合岗位要求提炼出自身的竞争力，将其进行放大与突出。同时避免过度关注自己的缺点和不足，把重点放在自身优势上面。

图9-9 发掘自身优势

（三）拒绝自负，认真对待

由于对自身能力的高估和盲目乐观的错误心态，以及对求职状况的不了解，我们有可能出现自视过高的自负心理。自负会蒙蔽我们的双眼，使我们难以看清自己的不足，疏于对求职进行准备，最终错失许多机会。俗话说无知者无畏，盲目自信的心态很大程度上源于对就业情况的不了解。我们应通过网络、人际交往、招聘活动等途径积极了解就业相关信息，客观地将自身情况与招聘要求进行对比，同时也不能忽视其他求职者的潜在威胁，培养自身的忧患意识和冷静认真的态度。

（四）懂得取舍，不求完美

我们在求职时的期望值有时会理想化，比如希望找到一个"钱多、事少、离家近、地位高"的完美工作。但世界上并不存在完美的工作，我们在择业时必然需要进行取舍，优先满足自身更加重视的部分，比如工作氛围、工作地点或是工作待遇。决定一经做出便不宜更改，因此我们应该准确分析自身情况，明确自身需求，慎重做出决定。

（五）摒除杂音，专注自身

我们有时会忍不住将自己与他人进行比较，比如在应聘时和其他求职者比较谁先找到工作，在就职后和其他职场新人比谁的工作更好。当我们面对比自己弱的人时可能会沾沾自喜，面对比自己强的人时又可能会心存嫉妒。为了更好地适应职业生活，我们应把注意力集中在自己身上，每个人的职业发展都是独特的，不要盲目复制他人的职业道路。只有摒弃外界环境对自身的影响，避免扰乱自己的心智，才能保持稳定健康的心态。

如果说职业生涯规划属于理论层面，那么毕业时面临的求职挑战就属于实战层面。在"千军万马过独木桥"的高压环境下，一些优秀的人才在求职时的表现也有可能不尽如人意，这些糟糕表现的背后是不同类型的负面心理。我们只有及时调整认知偏差、管理负面情绪、掌握就业技巧，才能过关斩将，顺利步入并融入职场。

就业过程中的各个阶段都有可能出现问题事件，继而引发个体内心的冲突，甚至顺利入职后也仍有可能遇到困难。比如有些求职者在步入职场后发现实际岗位与预想情况存在冲突，进而产生不满与抗拒的情绪，出现适应困难的问题，并最终选择离职。因此，应届生的短期离职率逐渐上升并成为社会关注的热点话题。研究表明，在某国企离职的群体中，应届大学生群体的离职率远高于同企业的劳务派遣工和临时工等工种。我们只有时刻关注并及时纠正关于职业的心理误区，以更加宽容的心态对待职业生活的好与坏、得与失，才能更好地接纳和适应职场。

小练习

生涯幻游

现在你将要穿越时空，来到10年后，请想象自己的容貌和周围的场景。

- 今天穿的什么样的衣服？
- 早餐吃什么？和你一起用餐的还有谁？你们在聊些什么？
- 吃完饭出门，关上大门，回头看一下你的家是什么样子？
- 你从事什么类型的工作？坐什么样的交通工具去上班？
- 你到工作的地方了，这个地方看起来是什么样子？
- 你坐下开始工作，上午的工作内容是什么？会用到哪些东西？上午结束，你中饭打算吃什么？跟谁一起吃？
- 下午的工作跟上午有什么不同？你在忙些什么？
- 结束了一天的工作之后，下班的你要参加什么活动？
- 你回到家，家里都有哪些人？
- 晚饭后你都做了些什么？
- 睡觉前，你计划明天参加一个颁奖典礼，你是获奖者之一，你将接受的奖项是什么？谁给你颁奖？你的获奖感言是什么？
- 该上床休息了，回忆一天的工作和生活，你满意吗？

如果这是你理想中的生活，那么你现在应该做些什么？

资源推荐

一、阅读推荐

《我的生涯手册》

作者：吴芝仪

本书涵盖了个人生涯发展相关的多个重要议题，如自我探索、工作世界探索、家庭期待与沟通、生涯选择与决定、生涯愿景与规划、生涯准备与行动等。

《人生设计课：如何设计充实且快乐的人生》

作者：比尔·博内特、戴夫·伊万斯 译者：周芳芳

本书利用设计思维模式，引导读者找到生活目标，并大胆尝试，为自己创造更多的可能，努力改变自己的命运。

二、影视推荐

《人生之路》

作品类型：电视剧

该剧讲述了生活在陕北高家村的青年高加林为了改变命运奋发图强，在时代的浪潮中书写平凡人的不平凡人生。

《心灵奇旅》

作品类型：电影

该片讲述了热爱爵士乐的中学音乐教师乔伊·高纳通过不懈地追逐梦想，最终获得梦寐以求的登台演奏机会的故事。

第十部分

生命礼赞,感悟生命真谛

盛年不重来,一日难再晨。

——陶渊明

使一个人的有限的生命,更加有效,而也即等于延长了人的生命。

——鲁迅

第一节　生如夏花——生命的意义

📋 案例导入

可铉自小受罕见病困扰，持续的高烧和频繁就医导致他被迫离校。这给他的家庭带来了不小的经济压力，也中断了其正常升学路。

在自述中，他这样形容当时的心情："命运将我带入了一个至暗时刻。当我万念俱灰时，一则中等职业教育免费就读的招生介绍，使我重燃了新的求学希望……"

在老师的推荐下，可铉进入成都某职业中专就读。重回阔别的校园，他成为年级第一，"卷"成了班长，还获得了首届中等职业教育国家奖学金。做播音主持的经历，逐步帮助他打破了"社恐"外壳。机器人社团，更是让他找到了自己的梦想。

图 10-1　获得竞赛奖杯

后来，可铉考入四川某职业技术学院，主修工业机器人技术。他加入四川工匠技能大师工作室，参加栋梁杯等竞赛（图 10-1），坚定地向着优秀技术人才的目标迈进。

从可铉身上，我们可以看到他面对困境的坚韧精神和对知识的渴望。他的经历告诉我们，生命的意义在于不断求索与成长，即使面临挑战，也要积极寻找梦想并为之奋斗，从而丰富生命的内涵。

一、生命的不同形态

生命是基础,生命是根本。生命给予我们了解和探索这个世界的机会,给予我们力量,也给了我们创造无限的可能。

通俗意义上的生命是有机生命的简称。生命构成了世界存在的基础,世界因为有了生命而精彩。我们可以通过生命的不同形态(图10-2)来认识生命。

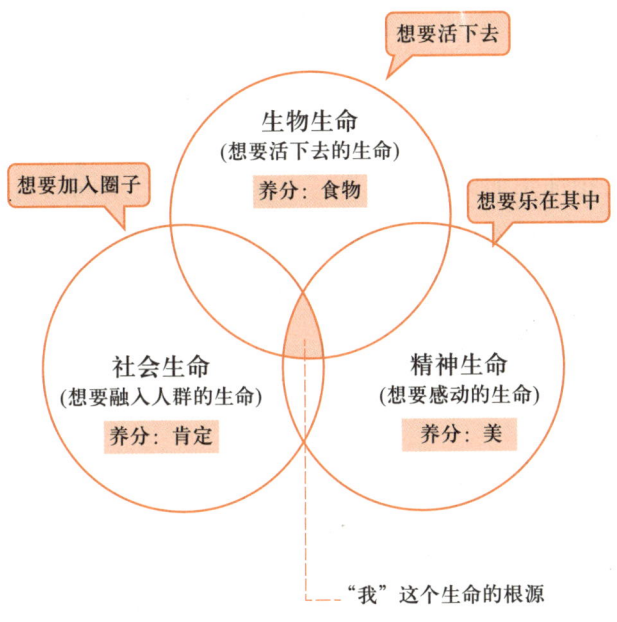

图10-2　生命的不同形态

(一)生物性——生命的长度

人作为自然生理性的个体生命而存在,和自然界的广大生物一样,会生老病死,要繁衍生息。生命承载着我们的一生,是一切物质财富和精神财富的基础,没有它一切都无从谈起。因此,爱惜生命是每个人的人生首义。生命又与我们每个人的体魄有着密切的关系。为了提升全民体质,党和国家制定、实施"健康中国"计划,号召不同年龄阶段的群体积极加入,这也有助于纠正学生群体存在的不运动、少运动、熬夜等不良健康习惯,保持生命的健康状态,为创造人生价值、实现人生理想提供基础保障。

（二）社会性——生命的宽度

人是社会关系的产物，不能脱离社会而存在。每个人在社会中的位置不同，在不同的社会关系中扮演着不同的角色，发挥着不同的作用。在家庭中，作为子女，我们既享受父母的养育和关爱，也要履行赡养父母、孝敬长辈的义务；在大学校园中，作为学生，我们既可以孜孜不倦地吸收知识的营养，加入不同的社团，参加丰富多彩的活动，也必须遵守校规校纪，履行尊师重道、学术诚信的义务。通过学习、交友、工作、爱情、婚姻等社会性的活动，我们可以体验生命的真谛。

（三）精神性——生命的高度

人有超越生物性生命的精神世界，不同的人会有不同的精神追求，人生因而有着不同的色彩。这不仅包括信仰和信念，而且包含着对科学知识的忘我追求。在探索自我，做自己喜欢的事情过程中，我们不断提高着生命的高度。精神生命是生命中的最高层次，也是人最高贵的品质，使得我们能够超越生命的"有限"而走向"无限"。

二、活着是为了什么

（一）你有这样的生命困惑吗

以下描述的状态和情况，是否在你的身上发生过呢？

1. 人生迷茫，浑浑噩噩

迈入大学的殿堂，告别了父母的悉心照顾，摆脱了高考的压力，我们的心中也许会涌起一股"终于可以放飞自我"的喜悦之情。然而，当初次体验大学新生活所带来的兴奋情绪渐渐褪去，我们可能会发现自己对家长代为选择的学校并不满意，家庭期望与自身兴趣特长之间的矛盾愈发凸显。这很可能导致我们在学习方面，会面临难以集中注意力的挑战；在人际交往方面，难以建立稳固的友谊圈子；在学校活动方面，缺乏积极参与的动力。如果在大学期间对所学专业知之甚少或缺乏兴趣，缺少积极进取的态度，我们对于未来职业的选择也很可能会感到迷茫，如同漂泊在茫茫大海中的一叶孤舟，心灵被无尽的迷雾所笼罩。

 小贴士

踏出迷茫的第一步

在你感到每天无所事事,迷茫无助时,请你认真思考并就下面几个问题给出答案。

大学毕业后,你想要去哪个城市发展?你希望从事怎样的工作?找到怎样的另一半?过上怎样的生活?要实现这些目标,你需要从哪里做起?

这些问题的回答都是在做出重要的人生选择。这有助于我们找到目标,明确努力的方向。而现在,就是为这些目标努力的时刻!

2. 动力缺失,得过且过

《人民日报》曾发表文章,对"沉睡中的大学生"现象进行了严厉地批评。大学生作为家庭和社会的期望寄托,拥有着无可估量的潜力与广阔的可能性。作为大学生,我们内心也常对自己的未来怀有较高期待与憧憬。然而,当家庭的期望与个人的期许之间出现分歧与落差时,我们内心的不满与迷茫可能会带来抑郁、焦虑等情绪。

这个纷繁复杂的世界不乏种种诱惑,这些诱惑可能会使得我们陷入"放纵"的境地,难以自我约束,过度纵容个人欲望。这不仅容易导致娱乐时间失控,而且也会使得我们在需要集中精神的时刻难以保持专注。例如,我们在本应休息的时刻沉迷于手机,而在应当专心听讲的课堂上却无法进入学习状态。然而,我们必须明白,放纵与自律,如同天平的两端,需要我们在生活中寻求平衡。我们不应该让放纵的欲望占据上风,否则就会失去对自我的控制,产生生命虚无感,最终陷入无尽的迷茫和悔恨之中。

3. 压力重重,无力应对

高中阶段,学业压力巨大,老师和家长或许会反复告诉我们,"等上了大学，你就自由了，就可以放松了"。怀着激动的心情踏入大学，我们很快就感受到了学业压力和竞争压力，明白压力并未减少，只是呈现方式有所变化而已。例如，在大学阶段，我们需要妥善协调课业学习、社团活动参与以及学术竞赛等多个方面的事务。与此同时，来自同龄人的竞争压力，如具备丰富社交能力的同学，常常使我们感受到焦虑和不安。

我们可以通过运动、听音乐、阅读等方式调整心态，积极应对压力。同时，我们也可以通过与他人交流，分享感受与困惑，从中寻求支持与帮助。这样，我们才能更好地应对大学压力，提升生命质量。

4. 忽视安全，苟且偷安

生命是一段美丽而充满惊喜的旅程。在当前社会节奏日益加快、压力持续攀升的时代背景下，年轻且充满活力的我们可能会因各种因素的影响，过度聚焦于眼前的物质利益和感官享受，对生命的有限性认知不足，从而忽略了内在精神层面的成长与心灵深处真正满足的重要性。

同时，我们的安全意识还有待提高。举例来说，选择不健康的饮食方式：暴饮暴食、经常点外卖；缺乏规律的运动和锻炼；长时间甚至熬夜刷手机、打游戏，导致的作息不规律；外出缺乏对路线和地点的安全评估；忽视个人隐私保护、轻信网络陌生人；宿舍插座长时间不断电、违规使用大功率电器；无视潜在的水域危险；等等。这些行为既对生命的珍贵和短暂性缺乏足够的重视，也忽视了对生命本身的思考和探索。

因此，我们需要提升自我安全保护意识，积极改善生活方式，提高健康水平，以更好地应对生活中的各种挑战。通过培养健康的饮食习惯、进行规律的体育锻炼和学习正确的应对方式，我们可以有效提高身体抵抗力，预防疾病的发生，享受更加健康、美好的生活。

（二）感受生命的责任

感受生命的责任是一种深刻而庄重的体验，是一种成熟和担当的体现。每个人都在当今世界扮演着独特的角色，承担着不同的责任。

首先，要对自己负责。这意味着要珍惜生命，关注健康，不断提升自己的能力和素质，明确自己的人生目标并不懈努力，学会面对挫折和困难，坚韧不拔，不断追求自己的梦想。

其次，要对家庭负责。家庭是我们成长的摇篮，也是我们情感的归宿。作为家庭的一员，我们要承担起自己应负的责任，为家庭多做贡献，相互扶持，共同分担，多关爱，不伤害，提供高质量陪伴，共同营造和谐、温馨的家庭氛围（图10-3）。

图 10-3　温馨的家庭氛围

再者，要对社会负责。社会的稳定和发展，需要我们在人生的不同阶段承担起相应的责任。在为社会发展和进步做出贡献的同时，我们的生命价值也得以彰显。

可以说，只有当我们真正意识到自己的责任并付诸行动时，我们才能更好地实现自己的价值，为这个社会和世界做出更多的贡献。

小测验

请花一点时间思考，什么让你的生命变得重要和有意义。然后，你可以扫描下方的二维码测试你对生命意义的感知程度。

生命意义感量表（中文版）[1]

---

[1] 刘思斯，甘怡群. 生命意义感量表中文版在大学生群体中的信效度[J]. 中国心理卫生杂志，2010，24（06）：478-482.

（三）追寻生命的意义

哲学家赫塞说过，"生命究竟有没有意义，并非我的责任，但是怎样安排此生却是我的责任。"追寻生命的意义是一个终身课题，我们会终其一生去探索属于自己生命的意义，因为它对每个人来说都是独特而个性化的。

临床心理学家维克多·弗兰克尔给出了发现生命意义的三个途径。

1. 创造与工作

通过投身于创造性工作（图10-4），我们不仅可以实现自我价值，激发内在的热情和动力，更能从中体验到成就感和满足感，为生命赋予深刻的意义。创造性的工作体验，也是我们塑造生命意义的方式，每一次探索都会在我们的生命中留下独有的痕迹。

图10-4 团队协作完成工作

2. 体验与爱

体验与爱在生命意义中扮演着举足轻重的角色。体验与爱的方式多种多样，可以体现在日常生活中的细微关怀，如亲人间的相互支持，父母对子女的无私付出；也可以体现为关键时刻的挺身而出，如朋友在困境中的援手、陌生人在灾难中的互助。这些体验不仅丰富了我们的情感世界，让我们深刻领悟生命的价值和意义，还能激发我们的内在动力，促使我们更加积极地面对生活，更加珍惜自己的生命，更加努力地追求自己的梦想和目标。

3. 态度与勇气

在面对生活的挑战和困境时，积极的态度和坚定的勇气能够激发我们内在的潜能，帮助我们找到生命的意义。海伦·凯勒尽管身患重病，却以乐观的心态和无比的勇气迎难而上，最终成为著名的作家和社会活动家，她的生命因此充满了意义。当一个人身处逆境，遭遇挫折，仍能勇敢面对，将个人的悲剧进行转化，实现成长和蜕变时，苦难便成为雕琢人生意义的线条。人生没有白走的路，每一步都算数。

当我们以积极的态度面对生活时，我们会更加关注生活中美好和积极之处，从而更容易找到生命的意义和价值。同时，当我们勇敢地追求自己的梦想和目标时，我们会更加坚定自己的信念和决心，为实现自己的价值和成就而努力奋斗。

追寻生命的意义是一个持续不断的旅程。在生命的变化和成长中，我们需要不断地调整自己的价值观和目标，迎接新的挑战，适应新的环境，保持开放的心态并采取积极的行动，勇敢地面对困难和挫折，不断追求更高的境界，实现自我价值，让人生出彩，使梦想成真。

三、世界是多元的，生命是多彩的

中华民族历来珍视和尊重生命。儒家的"仁爱"思想，强调人与人之间的关爱与尊重。人民至上、生命至上的中国理念，把人民群众的生命安全和身体健康放在第一位，彰显了中华民族的力量与担当。"做自身健康的第一责任人"，进行自我健康管理，实现从"治病"到"治未病"的转变，推进健康中国建设。如此等等，都是中华民族优秀文化传统中珍视和尊重生命的体现。

我们所处的世界是一个多元世界。不同文明绽放出不同的光彩，有的历史悠远，文化积淀深厚；有的起步虽晚，但发展程度颇高。虽然各自道路不同，发展快慢不一，但所有的文明都在按自己的意愿谋求自身的发展。世界文明的百花园姹紫嫣红，世界的精彩源自和而不同。

世界是多元的，生命也是多彩的。每个人来到这个世界上，都拥有独特的生命色彩和人生轨迹。我们在珍视自己的同时，也要尊重他人作为一个独立个体的存在。尊重和接纳彼此的不同，互相学习和成长，让每个人都有人生出彩的机会，找到属于自己的幸福和快乐，和谐共生。

在这个多元的世界中，我们应该学会尊重差异，包容多样，让每个人都有发光发热的机会，让每一个生命都能找到自己存在的位置和价值。

第二节 独门绝技——心理危机应对

案例导入

大一新生小张，平时沉默寡言，与同学相处不太融洽，几乎没有要好的朋友。舍长反映，小张近期表现异常，晚上熄灯后才去洗漱，而且声音很大，躺到床上也是辗转反侧（图10-5）。近期多有旷操、旷课情况。同时，新生心理普查也显示，小张有轻生倾向。

辅导员及时找到小张谈心谈话。交谈中了解到小张有自卑心理，第一次高考因对学校不满意，入校一个月后退学复读。第二年高考又因一场大病，没有考进理想的高校。小张想继续复读，遭到父母的强烈反对，双方关系紧张。

图10-5 失眠

辅导员引导小张积极朝前看，将更多的精力投入到专升本或考公的准备上，而不是纠结于不满意的过往。经过几次深入交谈，小张终于解开心结，重新投入学习和生活中。

高考不理想、人际关系不融洽，可能成为心理危机的诱因。心理危机状态下，不要轻视内心的痛苦和困扰，独自承受压力，可以向家人、朋友或专业心理咨询师寻求帮助，舒缓情绪，获得支持。

一、认识心理危机

生命是宝贵的，对美好生活的向往是我们奋斗的动力。然而，在现代社会，人们常常会面临各种挑战和困难，导致心理危机的发生。

生活中，我们可能会突然遭遇家庭变故、严重疾病、失恋、霸凌等负性生活事件，一方面无法躲避，另一方面又无法立刻找到有效的解决方法。这就容易导致心理平衡被打破，内心感到焦虑、抑郁、无助甚至绝望，使得生活一下子失去了色彩和方向。这时，我们就处于一种心理危机状态。

为什么会产生心理危机呢？概括地说，心理危机通常是外界事件和个体反应共同作用的结果。

面对心理危机，个体的心理承受能力受到极大的考验，但不同的人会有不同的应对方式。

有的人能够积极主动地面对危机，通过学习新的方法和策略，成功渡过困境，甚至将危机转化为机遇，让自己变得更加强大。

有的人会选择逃避，用繁忙的工作或其他事物来转移注意力，暂时掩盖内心的痛苦，但这种低功能的脆弱平衡很容易被打破，容易让自己再次陷入危机。

有的人会陷入自责和悔恨的漩涡，不断地用错误和不足来惩罚自己，深陷沮丧和绝望，无法摆脱困境。

有的人则无法承受强烈的刺激，被危机击垮，成为创伤后应激障碍患者，并伴有自我伤害、物质滥用、焦虑、抑郁等心理障碍。

应对心理危机，重塑心理平衡，重新发现生活的美好，找回生活的意义至关重要。积极寻找支持与帮助、学会应对困难与挑战，是走出失衡状态的第一步。只有珍爱生命，才能更好地面对困境，活出自己真正的价值和意义。

二、识别心理危机

如果出现表 10-1 中的一些情形，而且持续时间较长，对自己的日常生活、工作和人际关系等已经产生影响，那就有可能处于心理危机状态。一旦做出这样的评估，我们就要及时寻求专业心理咨询师或医生的帮助，以获得适当的干预和支持。

表 10-1 心理危机的识别

主要变化	描述	举例
情绪变化	情绪明显波动，自感无法控制	（1）频繁或持续出现抑郁、焦虑等强烈情绪 （2）情绪在高亢和抑郁间反复跳动
言行变化	突然出现诸如托付、告别的言行	（1）不明原因突然赠送礼物，留下告别意味的话 （2）突然避开社交活动，拒绝与他人交流 （3）自伤，自虐 （4）睡眠障碍、失眠、噩梦频繁、睡眠不稳等
性格变化	性格发生明显变化	（1）性格从开朗突然变得低沉 （2）缺乏动力，对事物不感兴趣

三、应对心理危机

在快节奏和压力较大的社会中，心理危机已成为我们人生旅途中必须面对的一大困扰和挑战。深入了解心理危机，学习有效的应对方法，走出心理困境，重塑内心平衡，是我们每个人都应该努力追求的目标。

（一）勇于直面，突破自我

理性分析所经历的事情，客观对待自己脆弱和不完美的一面，坦然面对现实，不逃避，也不否认。勇敢直面现实是解决问题的第一步，只有这样，才能找到问题的根源，进而有针对性地解决，才能真正突破自我，成长为更好的自己，继续前行。

（二）寻求支持，共同面对

寻找社会支持与倾诉渠道。积极向家人、朋友倾诉或寻求心理咨询师等社会支持力量的帮助，可以纾解我们内心的压力，厘清事情脉络，获得理解和安慰，明白无论面对怎样的挑战和困境，我们都不是一个人在单打独斗，在这生活的旅途，你我并不孤独。

（三）积极心态，培养兴趣

培养积极的心态和保持乐观的生活态度也是化解心理危机的重要手段。无论遭遇怎样的挑战和困难，都要学会保持乐观的态度，学会放下过错和烦恼，相信自己有能力克服困难，努力找到解决问题的方法。同时，要关注自己的内心需求和发展，培养健康的生活习惯和丰富的兴趣爱好，尝试新事物，拓宽视野，让生活更多彩。

应对心理危机，即使困难重重，我们也要坚信自己的勇气和力量，勇敢面对，珍爱生命，重获内心的平静和自信，重拾生活的信心和勇气。

> **小锦囊**

身边有人表现出自杀倾向时可以这样做

身边有人表现出自杀倾向时，应该尽快采取以下行动（图10-6）。

帮助他人走出自杀倾向需要多方共同努力，理解、关心和专业的帮助至关重要。提供尽可能多的支持和关爱，使他人感受到身边人的在意和支持，是帮助自杀倾向的人走出困境的关键。

图10-6 心理危机干预简图

小练习

绘制生命线

请参照图 10-7，画出一条线代表你的生命线。在这条生命线的左右两侧分别写下你的出生时间，今天的时间，以及你希望活到多少岁。然后，站在今天的时间点上，回望过去，把发生在你生命中的事情，按照时间顺序在生命线上列出来；展望未来，写下你计划要做的事情和新的人生目标。

年　　月　　日 ｜ 我出生了

年　　月　　日 ｜ 今天

我希望活到　　岁

图 10-7　我的生命线

思考：绘制完毕，仔细观察你的生命线，明确接下来努力的方向。

资源推荐

一、阅读推荐

《心理保健与危机干预》

作者：刘海峰、李新异

后疫情时代，《心理保健与危机干预》的出版，满足了大众对心理健康与保健的需求。不论是遇到心理困境还是心理危机，我们都可以从书中获得支持与帮助！

《心理医生的故事盒子》

作者：豪尔赫·布卡伊

这是一本有深度且通俗易懂的书，它用50个寓言故事串连起心理治疗的全过程，引领读者找到"人生难题的简单答案"。50个故事，犹如50把犀利的小刀，刺痛你、点醒你，给你带来绝妙的领悟。

二、影视推荐

《送你一朵小红花》

作品类型：电影

《送你一朵小红花》以癌症患者为主题，围绕两个抗癌家庭的生活轨迹，讲述了一个关于生命、爱情和希望的温情故事，直面每一个普通人都会面临的人生命题，引人深思。

《人生七年》

作品类型：纪录片

本片的主角是一群来自不同阶层的孩子。从他们7岁开始，每隔7年会拍摄一次他们的生活状态，记录他们的成长经历和对婚姻、事业、人生的思考。从纪录片中，我们可以看到阶级出身、家庭背景、个人奋斗、人生机遇等对个人命运的深刻影响。

参考文献

［1］唐湘宁，李峻．大学生心理健康教育科普读本［M］．成都：电子科技大学出版社，2020．

［2］傅小兰，张侃．心理健康蓝皮书中国国民心理健康发展报告（2021—2022）［M］．北京：社会科学文献出版社，2023．

［3］江光荣．大学生心理健康素养［M］．长沙：湖南师范大学出版社，2020．

［4］成光琳，曹畅．大学生心理健康教育［M］．3版．北京：高等教育出版社，2024．

［5］张智，幸荔芸．高职学生心理健康教育（活页式）［M］．上海：上海交通大学出版社，2023．

［6］安莉娟，张丽娟，田艳燕．大学生心理健康教育［M］．北京：首都师范大学出版社，2021．

［7］葛玲，张军翎．高职高专学生心理健康教育［M］．3版．北京：高等教育出版社，2022．

［8］李斌．高职大学生心理健康教育［M］．4版．北京：高等教育出版社，2023．

［9］赵周．这样读书就够了［M］．北京：中信出版社，2017．

［10］奥克利．学习之道［M］．教育无边界字幕组，译．北京：机械工业出版社，2016．

［11］尹红心，李伟. 费曼学习法［M］. 南京：江苏凤凰文艺出版社，2021.

［12］李柘远. 学习高手［M］. 北京：北京联合出版有限责任公司，2020.

［13］宋宝萍. 心理健康手书［M］. 西安：西安电子科技大学出版社，2020.

［14］赵永久. 爱的五种能力［M］. 北京：作家出版社，2020.

［15］阮胤华. 爱的语言：中国文化和非暴力沟通的结合［M］. 南京：江苏凤凰教育出版社，2020.

［16］段鑫星. 如何拥抱一只刺猬［M］. 北京：人民邮电出版社，2022.

［17］伍世亮，吴玉梅，林娥. 大学生生命教育［M］. 广州：广东高等教育出版社，2020.

［18］孙宏伟. 心理危机干预［M］. 2版. 北京：人民卫生出版社，2018.

［19］利特尔. 突破天性［M］. 黄珏苹，译. 杭州：浙江人民出版社，2018.

［20］泰普斯科特. 数字化成长3.0［M］. 云帆，译. 北京：中国人民大学出版社，2009.

［21］斯滕伯格. 爱情心理学［M］. 李朝旭，译. 北京：世界图书出版公司，2010.

［22］弗兰克尔. 活出生命的意义［M］. 吕娜，译. 北京：华夏出版社，2018.

［23］刘欢，李于凡. 大学新生学习适应、社交适应、情绪适应间的动态联系：一项追踪研究［J］. 心理发展与教育，2024，40（02）：270-278.

［24］史占彪，张建新，李春秋. 嫉妒的心理学研究进展［J］. 中国临床心理学杂志，2005（01）：122-125.

［25］兰春丽. 论网络对大学生人际交往的影响［J］. 边疆经济与文化，2006（05）：117-118.

［26］杨雪琴. 大学生网络人际交往的路径引导探析［J］. 江南论坛，2007（02）：49-51.

［27］朱士韬，邓云江，赵琼琼. 基于职业生涯发展理论的高职院校体验式就业指导策略［J］. 人才资源开发，2020，（13）：50-51.

［28］李艳阳. 新时代大学生生命价值观教育思维探赜［J］. 成才之路，2024（05）：9-12.

［29］张莹. 政策执行视角下国有企业应届生人才流失问题研究［D］. 长春：吉林大学，2024.

郑重声明

高等教育出版社依法对本书享有专有出版权。任何未经许可的复制、销售行为均违反《中华人民共和国著作权法》，其行为人将承担相应的民事责任和行政责任；构成犯罪的，将被依法追究刑事责任。为了维护市场秩序，保护读者的合法权益，避免读者误用盗版书造成不良后果，我社将配合行政执法部门和司法机关对违法犯罪的单位和个人进行严厉打击。社会各界人士如发现上述侵权行为，希望及时举报，我社将奖励举报有功人员。

反盗版举报电话　（010）58581999　58582371
反盗版举报邮箱　dd@hep.com.cn
通信地址　北京市西城区德外大街 4 号
　　　　　高等教育出版社知识产权与法律事务部
邮政编码　100120

读者意见反馈

为收集对教材的意见建议，进一步完善教材编写并做好服务工作，读者可将对本教材的意见建议通过如下渠道反馈至我社。

咨询电话　400-810-0598
反馈邮箱　gjdzfwb@pub.hep.cn
通信地址　北京市朝阳区惠新东街 4 号富盛大厦 1 座
　　　　　高等教育出版社总编辑办公室
邮政编码　100029

防伪查询说明

用户购书后刮开封底防伪涂层，使用手机微信等软件扫描二维码，会跳转至防伪查询网页，获得所购图书详细信息。

防伪客服电话　（010）58582300